新媒体运营的理论与实操

主　编　谭前进　郭　城
副主编　李　强　国芷源　聂鸿鹏

·南京·

图书在版编目(CIP)数据

新媒体运营的理论与实操 / 谭前进,郭城主编. —南京:东南大学出版社,2018.12(2025.1 重印)
ISBN 978-7-5641-8145-1

Ⅰ. ①新… Ⅱ. ①谭… ②郭… Ⅲ. ①传播媒介-运营管理 Ⅳ. ①G206.2

中国版本图书馆 CIP 数据核字(2018)第 281910 号

新媒体运营的理论与实操
Xinmeiti Yunying De Lilun Yu Shicao

出版发行	东南大学出版社
出 版 人	江建中
社 址	南京市四牌楼 2 号(邮编:210096)
网 址	http://www.seupress.com
责任编辑	孙松茜(E-mail:ssq19972002@aliyun.com)
经 销	全国各地新华书店
印 刷	广东虎彩云印刷有限公司
开 本	700 mm×1000 mm 1/16
印 张	13.5
字 数	272 千字
版 次	2018 年 12 月第 1 版
印 次	2025 年 1 月第 4 次印刷
书 号	ISBN 978-7-5641-8145-1
定 价	49.80 元

(本社图书若有印装质量问题,请直接与营销部联系。电话:025-83791830)

前　言

互联网的快速发展，诞生出一大批互联网产品，如早期的BBS、电子邮箱、门户网站等，新生网民迅速增长，开启了流量时代。互联网应用开始轮番登场，如搜索引擎、B2B、即时通信等产品已经成为超级应用，拥有巨大的用户数据。如今，互联网技术已经渗透进人们的日常生活中，吸引着一大批年轻人从事互联网运营工作，新媒体运营更是如雨后春笋般迅猛发展起来，毕竟，通过新媒体渠道更容易获得用户关注，制造二次传播，打造行业品牌。

党的十八大以来，习近平总书记多次在不同场合指出要与新媒体亲密接触，并强调要利用新技术新应用创新媒体传播方式。在如今的移动互联网时代，人们的工作形式、生活方式甚至人际社交模式都发生着翻天覆地的变化。媒体从既往基于精编内容的单向传播发展为多形式、强关系的双向互动甚至多向互动的模式，例如微信、微博等新媒体，让人们不仅可以发布、阅读、转发、评论，还可以零距离接触到名人、明星等各种人并与之互动。如今，新媒体的传播力与影响力在不断加深，这是移动互联网环境下的新媒体时代，也是移动互联网环境下媒体行业发展的必然趋势。

当今时代，当越来越多的品牌都要运营公众账号，当微博的品牌推广价值再次升温，当直播的快速繁荣与迭代出现时，新媒体营销又有了新的变化——更丰富的营销方法、更广泛的工具应用、更优化的线上线下融汇，以及"消费商"的挖掘。而这，就是新媒体营销3.0时代。

新媒体运营的技能也成为众多高校市场营销专业学生必须掌握的技能之一。在2015年11月，大连海洋大学市场营销专业被辽宁省教育厅确定为辽宁首批向应用型转型的试点专业之一。专业转型评价指标体系要求：专业转型要积极联合行业和企业，共同制定和完善应用型人才培养标准、方案；共同构建课程体系，开发教材、更新教学内容；共同建设实习实训基地，组建教学团队；共同实施培养过程，评价培养质量等。

基于此，大连海洋大学经济管理学院联合大连骑迹传媒有限公司共同开设了"新媒体平台运营"课程。大连骑迹传媒有限公司是东北地区第一家淘宝官方认证的电子商务托管服务商，也是东北地区第一家拥有淘宝认证电子商务讲师资格的公司,结合大连骑迹传媒有限公司多年的新媒体运营实战案例,我们联合相关专家编写了这本《新媒体运营的理论与实操》,作为"新媒体平台运营"课程教材。参与本书编写的有大连海洋大学谭前进、李强老师,大连骑迹传媒有限公司总经理郭城、技术总监国芷源,辽宁省海洋经济监测评估技术中心工程师聂鸿鹏,全书由谭前进老师负责最后统稿、审校、排版等工作。

  由于编写时间较为仓促,编者水平有限,本书难免有不足之处,敬请读者批评指正,我们将在今后的教学过程中和教材修订时加以完善。

编 者

2018 年 7 月于大连

目　　录

第一章　什么是新媒体 ··· 1
  1.1　什么是微信 ··· 1
  1.2　什么是微博 ··· 2
  1.3　什么是自媒体 ··· 4
  1.4　什么是社交媒体 ··· 6
  1.5　微信与微博的区别 ······································ 10

第二章　什么是电商 ·· 12
  2.1　什么是电商平台 ·· 15
  2.2　电商案例 ·· 18
  2.3　什么是社交电商 ·· 19
  2.4　社交电商案例 ·· 20

第三章　营销与推广 ·· 23
  3.1　自媒体的营销 ·· 23
  3.2　营销思维 ·· 25
  3.3　新媒体如何定位 ·· 28
  3.4　推广技巧 ·· 30
  3.5　营销推广案例 ·· 32

第四章　微商 ·· 34
  4.1　认知微商 ·· 34
  4.2　微商创业 ·· 38
  4.3　微商案例 ·· 54

第五章 微信公众平台的常识与行为规范 ·········· 69
5.1 微信公众平台分类 ·········· 69
5.2 微信公众平台申请 ·········· 70
5.3 微信公众平台设置 ·········· 71
5.4 微信公众平台主要功能的使用说明 ·········· 73
5.5 微信公众账号的行为规范 ·········· 76

第六章 小程序 ·········· 111
6.1 基础篇 ·········· 111
6.2 进阶篇 ·········· 140
6.3 实操篇 ·········· 147

参考文献 ·········· 209

第一章 什么是新媒体

新媒体是指当下万物皆媒的环境,简单说,新媒体是一种环境。新媒体涵盖了所有数字化的媒体形式,包括所有数字化的传统媒体、网络媒体、移动端媒体等。新媒体是一个相对的概念,是报刊、广播、电视等传统媒体以后发展起来的新的媒体形态,包括网络媒体、手机媒体、数字电视等。新媒体亦是一个宽泛的概念,是利用数字技术、网络技术,通过互联网、卫星等渠道,以及电脑、手机、数字电视机等终端,向用户提供信息和娱乐服务的传播形态。严格地说,新媒体应该被称为数字化新媒体。

1.1 什么是微信

● 微信的发展现状以及趋势

微信是一款支持免费语音短信、视频和图文,支持多人群聊、朋友圈分享和陌生人社交的应用工具。其适用的平台包括 iPhone、Android、Windows Phone、塞班和黑莓系统,以及 PC 上的网页。微信是一个社交平台,是基于用户强关系建立起来的移动社交网络。微信最强有力的武器在于公众平台的点对面、一对多的推送,指定并被许可的信息到达率极高,相应的曝光度也很高。2018 年下半年的数据显示,微信的用户量已达 10.8 亿左右,微信公众账号数量超过 1 000 万个。

截至 2016 年第二季度,微信已经覆盖中国 94% 以上的智能手机,月活跃用户达到 8.06 亿,用户覆盖 200 多个国家、使用的语言超过 20 种。此外,各品牌的微信公众账号总数已经超过 800 万个,移动应用对接数量超过 85 000 个,广告收入增至 36.79 亿元人民币,微信支付用户则达到了 4 亿左右。

微信提供公众平台、朋友圈、消息推送等功能,用户可以通过"摇一摇""搜索号码""附近的人"、扫二维码方式添加好友和关注公众平台,同时通过微信可以将看到的精彩内容分享给好友或分享到微信朋友圈。

从 2016 年 3 月 1 日起,微信支付对转账功能停止收取手续费。同日起,对提现功能开始收取手续费。应用宝正式发布安卓版。8 月,微信与支付宝同获香港首批支付牌照。

2017年12月25日,"微信身份证网上应用凭证"在广州市南沙区签发,为线上、线下政务服务以及旅馆业登记、物流寄递等实名制应用场景,提供国家法定证件及身份认证服务。

微信作为一个新兴的社会化营销平台,其转化率高于微博以及其他平台。微信的开放平台也是移动终端应用中的第一个开放平台,围绕开放平台的生态圈正在形成。相信未来我们依托平台挖掘到属于自己的一桶金,机会还是很大的。

1.2 什么是微博

微博,即微博客(Microblog)的简称,是一个基于用户关系的信息分享、传播以及获取平台,用户可以通过Web(网络)、WAP(无线应用协议)以及各种客户端组建个人社区,通常以不超过140字的文字更新信息,并实现即时分享。最早也是最著名的微博是美国的Twitter。根据相关公开数据,截至2010年1月,该产品在全球已经拥有7 500万注册用户。2009年8月28日,中国最大的门户网站新浪网推出"新浪微博"内测版,成为门户网站中第一家提供微博服务的网站,从此,微博正式进入中文上网主流人群的视野。

- 新浪微博是怎么诞生的

2009年5月,新浪管理委员会成员以及一些高级主管,到成都开例行的战略会议。这种会议每年召开一次到两次,各部门都会到,主要讨论公司战略问题。新浪副总裁、微博事业部总经理彭少彬回忆说,在那次会议上,是曹国伟和新浪CFO余正钧第一次提出做微博产品的想法。

彭少彬说,当时也没有明确说一定要做微博,新浪一直在投资做互动类的产品。其实不论国内国外,都已经有一些非常清晰的路线,但怎样利用新浪自身的优势去做,才是当时战略讨论的一个关键。当时曹国伟和余正钧提出的思路是怎样把新浪的优势更好地体现出来,他们认为微博虽然不同于SNS[①],但Twitter本身具有媒体特性,在这一点上它和新浪的基因是一致的。

彭少彬的回忆也得到了新浪副总裁、无线事业部总经理王高飞的确认,"当时我们就认为微博和新浪的基因其实正好搭上了"。王高飞及许多新浪高层至今都

---

① SNS,专指社交网络服务,包括了社交软件和社交网站。SNS的全称可以为Social Networking Services,即"社交网站"或"社交网"。SNS的全称也可以为Social Network Software,社交网络软件,它是一个采用分布式技术,通俗地说是采用P2P(Peer to Peer)技术构建的下一代基于个人的网络基础软件。

认为,"连接网页的 Google 和连接人的 Facebook 是互联网的两大基础设施,是'道'的层面,而 Twitter 是'术'的层面"。但新浪必须找到一个适合自己的切入点,这就要搭上自己的基因。只要搭上了媒体的基因,"我们敢说在中国我们做不好,也不可能有别人能做好,因为我们就是做这个的。"王高飞肯定地说。

曹国伟也不是一下就想到要往 Twitter 这条路走的。就像王高飞说的,新浪高层都意识到大方向其实是 Facebook,但新浪当时不具备做大型 SNS 的技术和产品的能力,所以中间肯定会有一些探索和波折。

2009 年决定做微博的时候,新浪当时已经做了应用比较丰富的 SNS——新浪"朋友"。但这个到现在都很少有人知道的应用最终被曹国伟停掉了,连团队"推一推再决定"的动议他都没同意。王高飞事后对记者说,"'朋友'一开始就是 Facebook 路线,后来曹国伟一直让改,改到最后已经有点接近微博的形态,类似于把 Facebook 的 mini-feed 功能单独拿出来做,传递名人的动态消息。但由于它不具备内容的承载性,他觉得这条路很难走通。"

最后,曹国伟决定不推"朋友"产品。"要知道在新浪这种比较大的互联网公司里,做出来了一款产品最后不上也是蛮少见的。"王高飞说。一些离开新浪的员工的记录显示,2008 年下半年,当时互动社区事业部总经理霍亮的团队最多的时候调集了新浪各大部门 80% 的工程师和美术设计师来做新浪"朋友",这应该算不小的人力投入。最后不推该产品,相信从曹国伟到一些高层也都是有压力的,而中层自然也有不少不理解的声音。

2009 年 7 月,新浪决定做微博。经过一个多月的调研分析,管理层明确了目标,由时任桌面产品事业部主管的彭少彬主持开发。随后,互动社区事业部和桌面产品事业部合并,集中资源开发微博产品,不久后互动社区事业部总经理霍亮离职。2009 年 10 月彭少彬被任命为新浪副总裁、微博事业部总经理。无线、运营两大部门积极配合微博事业部的工作,三个部门的负责人,即新浪执行副总裁、新浪网总编辑陈彤,新浪副总裁、无线总经理王高飞和彭少彬经常一起开会。彭少彬扮演协调者的角色,主动召集大家。不过,从曹国伟的言语中我们可以看出,微博的总负责人实际上是曹国伟本人,他对《商业价值》记者说:"负责微博的只有一个部门,我是总负责人。"

- 完美的时机

在新浪内部人的感觉中,这一次的大蜕变可能并没有特别明确的起始时间点,因为不同位置的人意识到蜕变开始的时间点并不一样。曹国伟认为,现在的局面是从 2006 年他出任 CEO 以来,成立互动社区事业部开始的。而陈彤、王高飞和彭少彬等新浪高管,可能由于各自分管的领域或专业视角不同而看法略有差异——

他们有的认为是从名人博客开始的，有的认为是从未推广的 SNS 产品新浪"朋友"开始的，还有的认为是从 2009 年 5 月的成都战略会决定做微博开始的。

但是，2009 年 8 月 28 开始内测的新浪微博的确赶上了一个中国互联网时代更迭中的绝佳时机。那个时间点正好是一个空白：饭否、叽歪、嘀咕等在微博监管上遇到问题；搜狐当时走在 SNS 的路上，并未看好微博路线——这并不奇怪，因为新浪都在担心微博可能只是一个有点小的机会；当时腾讯的微博产品"滔滔"几乎停滞。就在别家犹豫是否拿掉这个产品，或者只是将其作为自身平台的一个功能存在时，新浪做了一个大胆的决定，也抓了一个空当。

显然，时机的到来总是有偶然性的，但那前前后后的经验积累、产品试错、团队和文化建设、对商业模式的理解，才是决定变革成功的必然因素。

新浪的媒体基因无疑在抓住微博机会的过程中给新浪"正确的前三步"打了底。新浪一直是中国互联网媒介通道的引领者，而整个互联网新技术的普及实际上在重构中国社会信息传播的链条。在客观上，新浪在此过程中扮演了重要角色。媒介形态的变化首先体现在新浪自身的博客产品上，比如从逐渐多起来的博客内容到新浪门户首页，越来越多的爆炸性消息来自社会化媒体。

1.3 什么是自媒体

自媒体（We Media）又称"公民媒体"或"个人媒体"，是指私人化、平民化、普泛化、自主化的传播者，以现代化、电子化的手段，向不特定的大多数或者特定的单个人传递规范性及非规范性信息的新媒体的总称。自媒体平台包括：博客、微博、微信、百度官方贴吧、论坛等网络社区。

美国新闻学会媒体中心于 2003 年 7 月发布了由谢因波曼与克里斯威理斯两位联合提出的"We Media"研究报告，报告里面对"We Media"下了一个十分严谨的定义："We Media 是经由数字科技强化、与全球知识体系相连之后，一种开始理解普通大众如何提供与分享他们自身的事实、新闻的途径。"简言之，它就是公民用以发布自己亲眼所见、亲耳所闻事件的载体，如博客、微博、微信、论坛/BBS 等网络社区。

• **自媒体内容构成**

自媒体的内容构成也很特别，没有既定的核心，想到什么就写什么，只要觉得是有价值的东西就可以将其分享出来，有时还会分享一些出格的观点，不需要考虑太多看客的感受，所以看一些优秀的自媒体文章就像看野史一样，十分独特有趣，这些文章给看客们留下的印象是自媒体的个性。而且这些文章的字数控制得很好,一般都会控制在1 000字左右,让看客可以在10分钟内流畅地阅读完。

● 自媒体力量来源

自媒体之所以爆发出如此大的能量和对传统媒体有如此大的威慑力,从根本上说取决于其传播主体的多样化、平民化和普泛化。

1) 多样化

自媒体的传播主体来自各行各业,这相对于传统媒体从业人员单个行业的知晓能力来说,可以说是覆盖面更广。在一定程度上,他们对新闻事件的综合把握可以更具体、更清楚、更切合实际,位于"尾部"的他们的专业水准并不比位于"头部"的媒体从业人员差,甚至还更有优势(图1-1)。在华南虎事件中,位于"尾部"的动物学、植物学专家以及非政府组织、摄像家以及图片处理专业人士等都在揭发假华南虎的过程中发挥了重要作用。他们或从老虎的体态出发,或从老虎周围的植被出发,利用各自的专业知识,做出了详细的技术论证。

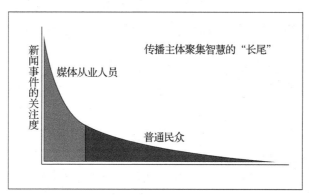

图1-1 自媒体的力量来源——"长尾"分析

2) 平民化

自媒体的传播主体来自社会底层,自媒体的传播者因此被定义为"草根阶层"。这些业余的新闻爱好者相对于传统媒体的从业人员来说体现出更强烈的无功利性,他们的参与带有更少的预设立场和偏见,他们对新闻事件的判断往往更客观、公正。

3) 普泛化

自媒体最重要的作用是:它授话语权给草根阶层、给普通民众,它张扬自我,助力个性成长,铸就个体价值,体现了民意。这种普泛化的特点使"自我声音"的表达越来越成为一种趋势。伴随着自媒体主体的普泛化程度的日益提高,这条"尾巴"的力量越来越大。

● 媒介即信息

在自媒体时代,各种不同的声音来自四面八方,"主流媒体"的声音逐渐变弱,人们不再接受被一个"统一的声音"告知对或错,每一个人都在从独立获得的资讯中,对事物做出判断。

自媒体有别于由专业媒体机构主导的信息传播方式,它是由普通大众主导的信息传播方式,是由传统的"点到面"的传播转化为"点到点"的一种对等的传播概念。同时,它也是指为个体提供信息生产、积累、共享,传播内容兼具私密性和公开性的信息传播方式。

早在20世纪,著名传播学家麦克卢汉就提出过"媒介即信息"的相似理论。其含义是:媒介本身才是真正有意义的信息,即人类只有在拥有了某种媒介之后才有可能从事与之相适应的传播和其他社会活动。媒介最重要的作用就是"影响了我们理解和思考的习惯"。因此对于社会来说,真正有意义、有价值的"信息"不是各个时代的媒体所传播的内容,而是这个时代所使用的传播工具的性质、它所开创的可能性以及带来的社会变革。论坛、博客、微博、微信以及新兴的视频网站构成了自媒体现存的主要表达渠道。随着个人用户对互联网的深度使用,以阔地网络为代表的个人门户类网站将成为自媒体的新兴载体。理由在于:

其一,除了传统博客的信息发布功能,个人门户的个性化聚合功能还能精准并即时地获取信息,从而构成一条双向的即时信息通道。这种通道的存在有利于培养更加广大的信息受众,从而支持起更加旺盛的信息表达诉求。

其二,个人门户能够将数据挖掘和智能推送结合在一起,从而通过一种用户乐于接受的方式推动自媒体的传播,例如阔地首创的阔地热闻模式,会自动将每天推荐人数最多的并且是用户感兴趣领域的内容自动推送给用户。而传统的博客虽然也有排行榜显示信息的热度,但是无法达到信息推送的智能程度。

其三,个人门户建立的社区生态链加强了用户之间的联系纽带,使得信息的发布者与接受者们沟通更加紧密,联系也更加稳固。我们都知道,每一个成功的自媒体背后必然存在一拨支持群体,博客所能提供的简单留言评论的方式已不能满足建立一个忠实粉丝圈的需求,传统的做法是再辅以论坛和即时通信,但是所有这些功能需求都已经被聚合到个人门户这种新兴载体中,因此个人门户理所当然地将成为自媒体的最佳表达途径。

1.4 什么是社交媒体

社交媒体(Social Media)指互联网上基于用户关系的内容生产与交换平台。

社交媒体是人们彼此之间用来分享意见、见解、经验和观点的工具和平台,现阶段主要包括社交网站、微博、微信、博客、论坛、播客等。社交媒体在互联网的沃土上蓬勃发展,爆发出炫目的能量,其传播的信息已成为人们浏览互联网的重要内容,不仅制造了人们社交生活中争相讨论的一个又一个热门话题,更进而吸引传统媒体争相跟进。

"社交网络(SNS)"也可以是一种媒体,因为在这个网络平台上,无数的信息被网络中的节点(人)过滤并传播着,有价值的消息会被迅速传遍全球,无价值的信息则会被人们遗忘或者只能得到小范围的传播。这就是近几年刚听到的新名词:"社交媒体(Social Media)"[①]。

社交媒体(Social Media)是2008年以来的互联网一大趋势。无论是对消费者、企业还是对销售商,社交媒体都是一个热门话题。现如今,社交媒体领域不仅存在很多权威,还有很多创业公司、专门的书籍以及社交媒体公司。在许多企业中,聘请社交媒体战略专家和社区管理员,并制定相应的宣传方案对社交媒体加以利用的做法非常普遍。

不过,应用程序真正可供瓜分的馅饼只有一块。作为一个具有开创性的在线社区,Facebook已经成为第三方应用程序的聚集地。微博客Twitter的用户也已经用许多应用程序来弥补网站自身的不足。分布在社交媒体中的人们维护着各种各样的工具。

在用户、销售商和企业的面前也存在着众多的干扰。只要出现一个新的应用程序,就会出现另外一个应用程序帮人们管理它。

意义(Meaning)和链接(Connection)是所有社交媒体生存的两个关键因素。随着人们组织信息以及寻找与自己相关网络难度的增大,这两个要素被逐渐淡化。事实上,社交媒体正在冲破自己的天花板,因为已经无法满足用户的需要了。基于这些因素,我们认为社交媒体正在发生变革。

社交媒体正逐步以新的方式为用户提供全方位的体验。我们已经从"用户""客户"和"消费者"的身上脱离开了:社交媒体将人的因素带到了所有的数字化的互动中。人们开始越来越谨慎,比如在寻找有用链接和具有相关性的社区时,或者在寻求自我表达的方式时。

网络研究公司Altimeter的创办人莎琳·李(Charlene Li)和美国市场调研机构Forrester Research的副总裁约什·贝尔诺夫(Josh Bernoff)进行了一项研究,他们将全新的行为驱动模式引入社交媒体。尽管这是一次巨大的跨越,但如果想要获得成功,人们还需要将这一理论进一步推进并更加接近于人的需求。

---

① 参见百度百科"社交媒体"词条。

人们希望获得与社交媒体相关的有意义的价值。人们希望自己的社交活动能够更有目的性，同时有条不紊。

在线社交媒体与线下社交媒体没有什么不同，无论使用什么样的平台，人们都会想办法维护自己的网络。这些人将会被一些有意义的话题联系在一起，并且在自己制定的范围内开展交流。通过这种方式，人们就能够在互动中找到相关性。

聚合平台（Friend Freed）是一个为用户提供访问目的地和应用程序接口的平台。尽管它的界面和交互性与维基百科一样差，但这个平台仍然在迅速成长。这是因为当人们面对来自多种渠道的交流时会感到困惑，所以必须要对他们赋以含义。

那些能够将精美的设计、易用性和可搜索性整合在一起的公司将比其他社交媒体工具更重要。网络战略专家戴伯·舒尔茨（Deb Schultz）将社交媒体和艺术展进行了比较，他认为，人们都希望按照自己的需求在网络生态系统中寻找自己生命的表现。

iPhone（或者说 iPhone 手机上网）的体验让所有用户、企业和开发者眼前一亮。仅在 2018 年第一季度，iPhone 的销量就达到了 1 270 万部。与此同时，谷歌的 Android 和 Palm 也都在努力提供跨平台的应用以及服务。在这个社交媒体的全新领域中，人们正在寻求将手机、网络和现实生活进行无缝切换的解决方案。

人们将会创建、加入并寻找能够为他们提供有意义且具有相关体验的社交网络。人们还会对自己的投资回报（花费的时间和披露的程度）、获得的答复、评论以及社交网络的影响力和价值等进行衡量。

社交网站 Ning 的战略关系副总裁瑞切尔·马斯特斯（Rachel Masters）表示："互联网之所以令人困惑，是因为人们几乎可以利用它来复制以前的所有媒体。Ning 为人们提供的社交网络允许人们进行选择性连接，因此解决了这一问题。"

只有当广告发布者及其相关的生态系统真正理解，究竟是什么在吸引人们交流、寻找链接并进行表达后，他们才不会亏损下去。社交网络的下一个金矿就是定位特定人群。以色列创业公司 Nuconomy 能够提供定位精准的动态显示广告。Nuconomy 公司的联合创始人兼首席执行官沙哈·纳什麦德（Shahar Nechmad）认为，利用 Nuconomy 发布的定位广告的点击率要比非定位广告高出 6 至 9 倍。那些能够迅速改变观念并创造新颖且相关产品的广告代理商和发布者将会更具优势。

由于社交媒体的存在，人们需要对原本无穷无尽的信息进行梳理。而为视频添加标签、归档对话内容、加大对云计算技术的利用，并使得搜索结果具有更高的相关性等应用成为需求，为这些应用寻找解决方案的企业将获得重要的机会。

社交媒体已经永久地改变了人与人之间交流的方式，但是社交媒体依然无法满足人们所有的需求,因此必然改弦更张。

新型的社交媒体将创造出一系列的"整体产品"和用户体验,这些将贯穿人们整个生活,包括网络、手机和现实生活。每个用户都可以通过工具、功能和应用程序创建自己的体验。人们可以对信息进行无缝切换,而这些都不会受到地点和时间的限制。

具有创造力的公司将会倾听这些需求,并在这些需求的基础上推出相关的产品。这样的公司不仅能够存活下去,也会在未来几年中发展壮大。

● 和传统媒体的差别

传统的社会大众媒体,包含新闻报纸、广播、电视、电影等,内容由业主全权编辑,追求大量生产与销售。新兴的社交媒体,多出现在网络上,内容可由用户选择或编辑,生产分众化或小众化,重视同好朋友的集结,可自行形成某种社群,例如博客(blog)、视频博客(vlog)、播客(podcast)、Wikipedia、Facebook、Plurk、Twitter、网络论坛等。社交媒体的服务和功能更先进和多元,但使用费用相对便宜甚至是免费的,近用权相对普及和便利,为现代年轻人所广泛采用。社交媒体和传统社会媒体的明显差别如下:

1) 传播结构

社交媒体和传统媒体,都可以向全球传播。不过,传统媒体多属于中央集权的组织结构,生产、销售模式趋于单一。社交媒体通常扁平化、无阶层,依照多元生产或使用的需求而有不同的形态。

2) 近用能力

能近用传统媒体的,绝大多数情况下只有该媒体的政府或私人业主,例如某大报的头条由该报编辑室决定,某电影的集资拍摄由政府和民间金主决定。而社交媒体可让社会大众便宜或免费使用,例如网络部落格,人人可免费申请,申请人可任意编辑部落格的内容。

3) 专业要求

进入传统媒体的专业门槛较高,例如需设置全职的记者、摄影师、编辑职位以及财务部门、法律部门等。这些从业人员除了要具备一定的资讯素养之外,还需要具有其他学科的专业素养,才能经得起消费市场的检验。在传统媒体面临激烈的市场竞争、盈利压力的背景下,对从业人员专业能力的要求可能会进一步提高或更加多元化。相对来说,进入社交媒体的专业门槛相对较低,通常只要具备中等的资讯素养即可。社交媒体更注重发展注意力经济,倾向于将社交媒体的使用界面设计得更方便、更简单。

4）即时程度

一般而言根据传播内容的规模,传统媒体常需几天、几周、几个月的制作时间。社交媒体偏好精炼短小的图文发布,其制作时间可以减少至一天、几小时、几分钟。有些传统媒体正向社交媒体看齐,以期做到新闻即时发布。

5）内容变更

传统媒体的内容一旦发布,几乎很难修改,例如新闻报纸、广播、电视、电影等,如需修正,往往要等到下一个版本,例如第二天的报纸、下次广播、下一期电视节目、重新剪辑的电影版本,牵涉的人力和时间较多。而社交媒体则可以随时随地地更新变化。

1.5 微信与微博的区别

微信与微博在本质上都要求运营在先、销售在后。内容营销贯穿了现今网络营销的每个角落,微博和微信也概莫能外。微博是强媒体,弱关系;而微信是弱媒体,强关系。虽然微博一直都在补缺社交上的弱项,但圈子毕竟是开放的,"马太效应"表现得非常明显。粉丝多的人多数是明星、名人,或者草根大号。新浪也延续了捧热博客的那套招数,利用明星、名人来推广微博,从一开始就令普通用户产生了一种期待被关注甚至一夜之间名传天下的期望。随着信息量的日益增多,普通用户长期没法满足自己当初的期望,越来越多的用户选择自娱自乐,有的就将微博作为新闻订阅器和网络日记本。

微博作为一个广播式的媒体平台,在如日中天的那段时间里为企业以及个人提供了不少帮助,更促进了社会的发展。微博的传播速度非常快,信息流动态刷新速度快,对于传播产品和服务信息来说,有利亦有弊。利的一方面是信息能够借助用户的自愿转发,达到传统媒体所不能及的范围和效果;弊的一方面是信息在传播的过程中容易失真,被其他"噪声"所影响。

微信是一对一、一对多的窄播式传播,虽然在传播速度和范围上不及微博,但其精准率、到达率、阅读率是高于微博的。微博上的那套思维,直接搬到微信上是行不通的。微博追求大量的粉丝、大量的转发,这里的大量不包括僵尸粉和机器转发。微信在订阅用户的获取的难度上比微博大一些,成本不低。其订阅用户的数量增长速度相较于微博慢一些,不像微博搞一次成功的活动就能够带来大量的粉丝。当然,这也是相对而言的,但一般微博大号的微博粉丝是多于微信公众号的订阅用户总量的。

其实说到底,订阅用户对于微信来说肯定是很重要的,只是在追求"量"的同时也要保证"质"。微信公众账号吸引订阅用户不应该像微博那样,在前期刷一大把粉丝,而是宁愿每天就加那么几个、几十个订阅用户,也不要贪图一时的快感。因为这对后期的营销来讲一点意义也没有,更何况只有自己能在公众平台的后台管理中看到订阅用户的数量,拥有再多的订阅用户也充不了什么场面。不过,微信公众账号为了取得认证,不少企业和个人都会选择先刷500个订阅用户,过了认证之后再正式运营。我们建议对这种情况要进行分组管理,公众账号通过了认证之后就可以把以前刷的僵尸订阅用户移入黑名单。

微信能够借鉴微博不少东西,在内容创作上更是如此。微博精炼短小的内容正好符合微信传播的内容篇幅。有关微信的内容篇幅问题,我们在后面的章节中会细讲。此外,微博上的一些活动游戏也可以将其借鉴到微信公众账号的运营上来。据我们长时间的实际调研与观察,如果微信公众账号的互动游戏策划得当,与订阅用户之间的互动量就会高于微博的。一对一回复实时消息能让订阅用户有一种受尊重的感觉;同时配合关键词自动回复,可以减少人工回复的工作量。

微信主打关系,微博主打品牌,两者是可以相互补充的。微信特别需要精耕细作,离开了微博就少了一条推广渠道。微博获取的粉丝,则能通过导入微信做进一步转化。

第二章　什么是电商

"电商"一词是业内人士对电子商务的简称。在直观概念上,业界将电商划分为狭义与广义:狭义电商(E-Commerce)是指实现整个贸易过程中各阶段贸易活动的电子化,而广义电商(E-Business)是指利用网络实现所有商务活动业务流程的电子化。前者集中于基于互联网的电子交易,强调企业利用互联网与外部发生交易与合作;而后者则把涵盖范围扩大了很多,指企业使用各种电子工具从事商务活动。

从狭义到广义,电商是一个不断发展的概念,其最初的狭义电商概念是由电子商务的先驱 IBM 公司于 1996 年提出的 Electronic Commerce(E-Commerce)的概念。到了 1997 年,IBM 公司又提出 Electronic Business(E-Business)这一广义电商的概念。我国在引进这些概念的时候都翻译成了"电子商务"。

● **电商的应用模式**

1) 企业—企业的应用系统(B to B,B2B)

企业与企业之间的电子商务将是电子商务业务的主体,约占电子商务总交易量的 90%,主要的 B2B 企业有 ECVV(伊西威威)等。就如今来看,电子商务在供货、库存、运输、信息流通等方面大大提高了企业的运作效率,电子商务最热心的推动者也是商家。企业和企业之间的交易是通过引入电子商务能够产生大量效益的地方。对于一个处于流通领域的商贸企业来说,由于没有生产环节,电子商务活动几乎覆盖了整个企业的经营管理活动,商贸企业是利用电子商务最多的企业。通过电子商务,商贸企业可以更及时、准确地获取消费者信息,从而准确订货、减少库存,并通过网络促进销售,以提高效率、降低成本,获取更大的利益。

企业间电子商务通用交易过程可以分为以下四个阶段。一是交易前的准备。在这一阶段主要进行买卖双方和参加交易各方在签约前的准备活动。二是交易谈判和签订合同。在这一阶段买卖双方就所有交易细节进行谈判,并将双方磋商的结果以文件的形式确定下来,即以书面文件形式和电子文件形式签订贸易合同。三是办理交易进行前的手续。在这一阶段主要办理买卖双方从签订合同后到合同开始履行之前的各种手续。四是交易合同的履行和索赔。

2）企业—消费者的应用系统（B to C，B2C）

从长远来看，企业对消费者的电子商务将最终在电子商务领域占据重要地位。但是由于各种因素的制约，在较长的一段时间内，这个层次的业务还只能占较小的比重。它是以互联网为主要服务提供手段，实现公众消费和提供服务，并保证与其相关的付款方式的电子化。它是随着万维网（WWW）的出现而迅速发展的，可以将其看作是一种电子化的零售。在互联网上遍布各种类型的商业中心，提供从鲜花、书籍到计算机、汽车等各种消费商品和服务。

这种购物过程彻底改变了传统的面对面交易和一手交钱一手交货及面谈等购物方式，这是一种新的、很有效的电子购物方式。当然，要想放心大胆地进行电子购物活动，还需要非常有效的电子商务保密系统。

3）企业—政府的应用系统（B to G，B2G）

这种应用系统涵盖政府采购、税收、商检、管理规则发布等在内的、政府与企业之间的各项事务。例如，政府的采购清单可以通过互联网发布，公司以电子的方式回应。随着电子商务的发展，这类应用将会迅速增长。政府在这里有两重角色：既是电子商务的使用者，进行购买活动，属商业行为人，又是电子商务的宏观管理者，对电子商务起着扶持和规范的作用。在发达国家，发展电子商务往往主要依靠私营企业的参与和投资，政府只起引导作用。与发达国家相比，发展中国家企业规模偏小，信息技术落后，债务偿还能力低，政府的参与有助于引进技术、扩大企业规模和提高企业偿还债务的能力。

4）消费者—消费者的应用系统（C to C，C2C）

这种应用系统主要体现在网上商店的建立，如今已经有很多的在线交易平台，如：淘宝网、有趣网等。这些交易平台为很多消费者提供了在网上开店的机会，使得越来越多的人进入这一系统。

据调查表明：至2014年12月，淘宝网注册会员超过5亿人，2014年全年成交额突破1.17万亿元。根据Alexa 2017年的评测，淘宝网为中国访问量最大的电子商务网站，居于全世界网站访问量排名的第14位、中国网站访问量排名的第3位。

5）商家—职业经理人的应用系统（B to M，B2M）

这种应用系统正在逐步完善其管理模式、交易方式等细节方面。B2M与传统电子商务相比有了巨大的改进，除了面对的用户群体有着本质的区别外，B2M具有一个更大的优势：电子商务的线下发展。传统电子商务的特点是商品或者服务的买家和卖家都只能是网民，而B2M模式能将网络上的商品和服务信息完全转到线下。企业发布信息，职业经理人获得信息，并且将商品或者服务提供给所有的受众，不论其在线上还是在线下。

以中国市场为例，传统电子商务网站面对的是1.4亿网民，而B2M面对的则是14亿的中国公民。

- **电商的主要功能**

电子商务可提供网上交易和管理等全过程的服务，因此它具有广告宣传、咨询洽谈、网上订购、网上支付、电子账户、服务传递、意见征询、交易管理等各项功能。

1）广告宣传

电子商务可凭借企业的Web服务器和客户的浏览，在互联网上发布各类商业信息。客户可借助网上的检索工具（Search）迅速地找到所需商品信息，而商家可利用网上主页（Homepage）和电子邮件（E-mail）在全球范围内做广告宣传。与以往的各类广告相比，网上的广告成本最为低廉，而给顾客提供的信息量却最为丰富。

2）咨询洽谈

电子商务可借助非实时的电子邮件（E-mail）、新闻组（Newsgroup）和实时的讨论组（Chat）来了解市场和商品信息、洽谈交易事务，如有进一步的需求，还可用网上的白板会议（Whiteboard Conference）来交流即时的图形信息。网上的咨询和洽谈能超越人们面对面洽谈的限制，提供多种方便的异地交谈形式。

3）网上订购

电子商务可借助Web中的邮件交互传送实现网上的订购。网上的订购通常都是在产品介绍的页面上提供十分友好的订购提示信息和订购交互格式框。当客户填完订购单后，通常系统会回复确认信息单来保证订购信息的收悉。订购信息也可采用加密的方式使客户和商家的商业信息不会泄露。

4）网上支付

电子商务要成为一个完整的过程，网上支付是重要的环节。客户和商家之间可采用信用卡账号进行支付。在网上直接采用电子支付手段可省略交易中很多人员的开销。网上支付需要更为可靠的信息传输安全性控制以防止欺骗、窃听、冒用等非法行为的发生。

5）电子账户

网上的支付必须要有电子金融的支持，即银行或信用卡公司及保险公司等金融单位要为金融服务提供网上操作的服务。而电子账户管理是其基本的组成部分。

6）服务传递

对于已付了款的客户应将其订购的货物尽快地传递到他们的手中。而有些货物在本地,有些货物在异地,电子邮件将能在网络中进行物流的调配。而最适合在网上直接传递的货物是信息产品。

7）意见征询

电子商务能十分方便地采用网页上的"选择""填空"等格式文件来收集用户对销售服务的反馈意见。这样可以让企业的市场运营形成一个封闭的回路。客户的反馈意见不仅能提高售后服务的水平,更使企业获得改进产品、发现市场的商业机会。

8）交易管理

整个交易的管理将涉及人、财、物多个方面,企业和企业、企业和客户及企业内部等各方面的协调和管理。因此,交易管理是涉及商务活动全过程的管理。

2.1 什么是电商平台

• 基本信息

电商平台即电子商务平台,是一个为企业或个人提供网上交易洽谈的平台。电子商务建设的最终目的是发展业务和应用。

一方面网上商家以一种无序的方式发展,会造成重复建设和资源浪费;另一方面商家业务发展比较低级,很多业务仅以浏览为主,需通过网外的方式完成资金流和物流,不能充分利用互联网无时空限制的优势。因此有必要建立一个业务发展框架系统,规范网上业务的开展,提供完善的网络资源、安全保障和有效的管理机制,有效地实现资源共享,实现真正的电子商务。

企业电子商务平台的建设,可以建立起电子商务服务的门户站点,是现实社会到网络社会的真正体现,为广大网上商家以及网络客户提供一个符合中国国情的电子商务网上生存环境和商业运作空间。

企业电子商务平台的建设,不仅仅是初级网上购物的实现,它还能够有效地在互联网上构架安全的和易于扩展的业务框架体系,实现 B2B、B2C、C2C、O2O、B2M、M2C 模式等应用环境,推动电子商务在中国的发展。

电子商务平台扩展的另外一种途径——互联网营销,让用户多一种途径来了解、认知或者购买商品。电子商务平台可以帮助中小企业甚至个人自主创业,独立营销一个互联网商城,达到快速获得盈利的目的,而且只需要很低的成本就可以实现这一愿望。电子商务平台可以帮助同行业中已经拥有电子商务平台的用户,为他们提供更专业的电子商务平台解决方案。发展电子商务,不是一两家公司就能够推动的,而是需要更多专业人士共同参与和奋斗,共同发展。

• 优点

（1）电子商务将传统的商务流程电子化、数字化,一方面以电子流代替了实物流,可以大量减少人力、物力,降低成本;另一方面突破了时间和空间的限制,使得交易活动可以在任何时间、任何地点进行,从而大大提高了效率。

（2）电子商务所具有的开放性和全球性的特点,为企业创造了更多的贸易机会。

（3）电子商务使企业可以以相近的成本进入全球电子化市场,使得中小企业有可能拥有和大企业一样的信息资源,提高了中小企业的竞争能力。

（4）电子商务重新定义了传统的流通模式,减少了中间环节,使得生产者和消费者的直接交易成为可能,从而在一定程度上改变了整个社会经济运行的方式。

（5）电子商务一方面破除了时空的壁垒,另一方面又提供了丰富的信息资源,为各种社会经济要素的重新组合提供更多的可能,这将影响到社会的经济布局和结构。

（6）通过互联网,商家之间可以直接交流、谈判、签合同,消费者也可以把自己的反馈意见反映到企业或商家的网站;而企业或者商家则要根据消费者的反馈及时调查产品种类及服务品质,做到良性互动。

• 缺陷

1) 网络自身有局限性

有一位消费者在网上订购了一新款女式背包,虽然包的质量不错,但怎么看款式都没有网上那个中意。许多消费者都反映,实际得到的商品不是在网上看中的商品。这是怎么回事呢?其实在把一件立体的实物缩小许多变成平面图片的过程中,商品本身的一些基本信息会丢失;输入电脑的只是人为选择的商品的部分信息,人们无法从网上得到商品的全部信息,尤其是无法得到对商品的最鲜明的直观印象。

在这一模式上,只有依靠网站的制作和网页设计者采用更好的网页模式,向消费者展示商品。

2) 搜索功能不够完善

在网上购物时,用户面临的一个很大的问题就是如何在众多的网站上找到自己想要的物品,并以最低的价格买到。搜索引擎看起来很简单:用户输入一个查询关键词,搜索引擎就按照关键词到数据库去查找,并返回最合适的网页链接。这主要不是囿于技术原因,而是由于在线商家希望保护商品价格的隐私权。因此当用户在网上购物时,不得不一个网站一个网站搜寻下去,直到找到价格满意的物品。

3) 交易的安全性得不到保障

电子商务的安全问题仍然是影响电子商务发展的主要因素。由于互联网的迅速流行,电子商务受到了广泛的关注,被公认为是未来 IT 业最有潜力的新的增长点。然而,在开放的网络上处理交易,如何保证传输数据的安全成为电子商务能否普及的最重要的因素之一。调查公司曾对电子商务的应用前景进行过在线调查,当问到为什么不愿意在线购物时,绝大多数人的问题是担心遭到黑客的侵袭而导致信用卡信息丢失。因此,有一部分人或企业因担心安全问题而不愿使用电子商务,安全成为电子商务发展中最大的障碍。

电子商务的安全问题其实也是人与人之间的诚信问题,和现实商业贸易相似,均需各方的共同协作和努力。电子商务的未来,需要所有网民的共同协作。

4) 电子商务的管理还不够规范

电子商务给世界带来全新的商务规则和方式,这更加要求在管理上要做到规范。这个管理的概念应该涵盖商务管理、技术管理、服务管理等多方面,而要同时在这些方面达到一个比较令人满意的规范程度,不是一时之间就可以做到的。另外,电子商务平台的前后端相一致也是非常重要的。前台的 Web 平台是直接面向消费者的,是电子商务的门面。而后台的内部经营管理体系则是完成电子商务的必备条件,它关系到前台所承接的业务最终能不能得到很好的实现。一个完善的后台系统更能体现一个电子商务公司的综合实力,因为它将最终决定提供给用户的是什么样的服务,决定电子商务的管理是不是有效,决定电子商务公司最终能不能实现盈利。

5) 税务问题

税务(包括关税和税收)是一个国家重要的财政来源。由于电子商务的交易活动是在没有固定场所的国际信息网络环境下进行,这造成了国家难以控制和收取电子商务税金的问题。

6) 标准问题

各国的国情不同,电子商务的交易方式和手段当然也存在某些差异,而且我们要面对的是无国界、全球性的贸易活动,因此需要在电子商务交易活动中建立相关的、统一的国际性标准,以解决电子商务活动的互操作问题。

7) 配送问题

配送是让商家和消费者都很伤脑筋的问题。网上消费者经常遇到交货延迟的问题,配送的费用也很高。业内人士指出,中国国内缺乏系统化、专业化、全国性的货物配送企业,配送销售组织没有形成一套高效、完备的配送管理系统,这毫无疑问地影响了人们的购物热情。

8) 知识产权问题

在由电子商务引起的法律问题中,知识产权问题是最为突出的。由于计算机网络上承载的是数字化形式的信息,因而在知识产权领域(专利、商标、版权和商业秘密等)中,版权保护的问题尤为突出。

9) 电子合同的法律问题

在电子商务中,传统商务交易中所采取的书面合同已经不适用了。一方面,电子合同存在容易编造、难以证明其真实性和有效性的问题;另一方面,现有的法律尚未对电子合同的数字化印章和签名的法律效力进行规范。

10) 电子证据的认定

信息网络中的信息具有不稳定性或易变性,这就造成了在信息网络中发生侵权行为时,锁定侵权证据或者获取侵权证据难度极大,对解决侵权纠纷带来了较大的障碍。如何保证网络环境下信息的稳定性、真实性和有效性,是有效解决电子商务中侵权纠纷的重要因素。

11) 其他细节问题

还有一些不规范的细节问题:网上商店服务地域差异大;在线购物发票问题大;网上商店对订单回应速度参差不齐;电子商务方面的法律,对参与交易的各方面的权利和义务还没有进行明确细致的规定。

2.2 电商案例

网络经济时代,电子商务应用已经渗透到社会生活的各个方面,并且日益深刻地影响着各行各业的发展。

• **案例分析**

韩国互联网服装企业前三强的 JAMY 就是一个非常好的电子商务成功案例。该企业建立于 2007 年 7 月 7 日,从 2008 年 11 月 21 日开始把网站交给 BIMC 品牌整合营销传播公司(以下简称 BIMC)做电子商务托管,托管给 BIMC 之后,效果非常明显:销售额上升 1 000% 以上、网站用户体验、网站价值、网站访问量、黏度、网站发展都是直线上升。2008 年 12 月内订单次数连续突破三次大关。而 2009 年一月初业绩更是让人惊讶,突破了 900 个大关。目前 JAMY 已成为进入中国市场的最出色的韩国企业之一。

从 JAMY 的电子商务案例可以看出,电子商务根本不是建好一个功能强大的网站,而是如何将产品推销给人们。JAMY 就是通过把网站交给 BIMC 做电子商务推广才能取得这样的成绩。BIMC 根据 JAMY 策划了合适的电子商务方案,在电子商务推广执行中让 JAMY 的潜在顾客知道了他们的存在,哪怕是网友暂时不愿意购买,但是知道有个地方可以买到,这就是电子商务推广的好处。可能有企业想过由自己公司组建团队做电子商务推广,但不知道其有没有算过一笔账:假设企业 IT 技术人员月平均成本是 5 000 元,一年就需要 6 万元,请 3 个人 18 万元,成本太高!这还不算一台就要几万元的服务器,还有电脑以及其他管理成本。就算不惜高成本组建起自己的推广团队,这些团队也要花很长的时间去摸索推广的方法,而收益却仅仅"一般"。

• **案例总结**

把网站委托给像 BIMC 这样专注电子商务策划、电子商务运营、电子商务推广、电子商务营销、电子商务管理、电子商务托管、电子商务顾问、电子商务咨询、电子商务培训、电子商务研究的电子商务解决方案的电子商务外包公司,在省心省力的同时,可以保证网站的流量与业绩提升;又能使综合成本最少降低一半;利润可有效提升 200%。其实,电子商务运作就是这么简单,只是看企业有没有找对方法。

2.3 什么是社交电商

社交化电子商务(即社交电商)是基于人际关系网络,利用互联网社交工具,从事商品或服务销售的经营行为,是新型电子商务的重要表现形式之一。所谓社交化电子商务,是指将关注、分享、沟通、讨论、互动等社交化的元素应用于电子商务交易过程的现象。具体而言,从消费者的角度来看,社交化电子商务,既体现在消费者购买前的店铺选择、商品比较等,又体现在购物过程中通过 IM、论坛等与电子商务企业间的交流与互动,也体现在购买商品后的消费评价及购物分享等。从电子商务企业的角度来看,企业通过社交化工具的应用及与社交化媒体、网络的合作,完成企业营销、推广和商品的最终销售。

随着社交化电子商务的蓬勃发展,为加强行业合作与交流,在思埠集团的倡导下,将每年七夕这一天作为社交电商节。

- **核心特征**

社交化电子商务具备三个核心特征:(1) 具有导购的作用;(2) 用户之间或用户与企业之间有互动与分享,即具有社交化元素;(3) 最为关键的是具备"社交化传播多级返利"的机制,即"SNS"传播即可获益。

社交电商在2017年主要呈现出两个特征:

1) 社交电商平台呈下沉态势,趋于提供底层的服务

社交电商和微商既可以使用社交电商平台提供的功能完整的标准化交易服务,在社交电商平台的闭环内实现交易,也可以通过社交电商平台招募或微商雇佣的第三方开发者或服务商在社交工具提供的部分或全部交易服务接口进行定制化、深度化开发,创建个性化的交易环境,以实现社交电商平台的资源投入与用户需求的平衡。

2) 社交电商和微商渠道需求旺盛,趋于突围社交平台闭环

随着发展壮大,社交电商和微商已明显不满足于在社交平台的闭环内经营,趋于获取更多的流量。它们自建独立交易网站、入驻第三方交易平台或者通过第三方开发者或服务商在社交电商平台的基础上穿透社交平台闭环,以期多渠道获得用户流量。

目前国内典型的三种实践方式:(1) 第三方社交电子商务平台;(2) 基于社区的社交电子商务;(3) 基于电子商务网站构建社区。

2.4 社交电商案例

如果要在网上买到高品质的产品,应该在哪家商铺才能买到?淘宝网中的商家鱼龙混杂,即便是有好的商品,买家选择成本也相对较高。这种大的平台模式难以销售高品质的产品,至少不会成为高品质人群购物的主流选择平台。那么下面就和大家分享三个案例:

案例一:

一个朋友是做销售的,人脉很广。卖了一年多的燕窝,因为有亲戚在印尼,所以他的燕窝都是从印尼直接进货的。其本职工作的每月工资才6 000元,但开始卖燕窝之后月赚1万元。

正好当时有个朋友问我,如果要买燕窝应该在哪里买,是该在淘宝买还是该在实体店买。实体店的燕窝太贵了,但他又不敢在网上买。我告诉他我朋友也在卖燕窝,并向他推荐了卖燕窝的朋友,结果他也真去买

了。由此可见,起码在燕窝这个品类上,淘宝电商败于社交电商,这也符合社交电商的销售定义:大众化、高品质。虽然没有N个产品的组合,但是回头客极多。

(国芝源点评:燕窝一类产品需要受众群体对其产生足够的信任感,符合社交电商模式。)

案例二:

这是之前在微博上发布过的一个案例。我有一个生活在泰州这样一个小城市里的朋友,他是一个富二代,经历了N次工作的失败,家里人对他表示非常失望。一次,他与家人吵架离家出走,说要自食其力。后来他在微信朋友圈里说:付费教授油画,教一个下午收费150元。结果真的有人报名。值得一提的是,这些学员画好的画,全部都通过朋友圈晒出。

两个月后,他告诉我,他一个月能赚1.5万元,而且回头客非常多,每个月的收入都在增长。并且他做了一个很有趣的商业收费方案,每次教学都会画一张比较容易入手的名画,比如《向日葵》,有的时候还画画机器猫。

他的推荐理由也容易与受众产生共鸣:你是愿意花一个下午看电视,还是陶冶情操? 就这样,持续来学的学员非常多。同时,他对加粉也很有办法,他的粉丝有一半是来自老客户的推荐,而另一半是他通过公关泰州当地的小自媒体吸收的。比如,他在一个蛋糕店买最贵的蛋糕,然后和老板商量帮其发朋友圈推荐。这些老板本身引流了几千客源到自己的朋友圈,所以在他公关了几个人之后,很快粉丝就增至近1万人。要知道,这是在泰州这样的小城市,并且定位还是这么不起眼的产品。我曾在指导一个卖包子的朋友做社交电商时,偶然发现这个卖包子的朋友在推荐我朋友的油画教学,这才发现原来他正在做这么有意思的事情。

这就是社交电商,一人为中间点,扩散社交圈,通过持续销售合适的产品、获取合理的毛利率和提供合适的服务,持续运营下去。毫无疑问,社交电商正在改变实体店的经营模式。

案例三:

手机已经成为人们生活中不可缺少的一部分。无论走到哪里,人们没有手机似乎就浑身不自在。即使朋友聚会,大家也会各自玩手机。手机让人们的情感变得淡薄,因为人们聚会时没了好好交流的机会;手机又让人们"亲近",因为所有的交流都放到了网络上。

然而,网络之所以吸引人,就是因为用户将大量的感情投入其中。网络所带来的新鲜刺激、用户在网络上的情感宣泄和自我表达……这些需求正是运营者在运营中需要掌握的基本情感营销。只要掌握了粉丝的心理，就能让粉丝参与其中，带动平台的活跃度，从而完成营销。

《罗辑思维》是罗振宇的个人网络视频脱口秀，主要是罗振宇通过读书，把书中的知识讲给观众听。《罗辑思维》的口号是：死磕自己，愉悦大家！该视频在网络上大火，为了将网上的观众聚集到一起，罗振宇开通了微信公众平台，并将每期视频里推荐的图书放到微信公众平台上销售。为了让更多的粉丝成为平台上的会员，该平台推出了"会来事"服务。只要是平台上的会员，都可以将自己在创业中、生活中、职场中的事情发布到平台上，并会受到其他会员的帮助。这样，无论是寻求帮助的会员还是热心助人的会员，都能通过平台来进行互动交流，让平台活跃起来。

第三章 营销与推广

3.1 自媒体的营销

自媒体营销就是利用社会化网络、在线社区、博客或者其他互联网协作平台和媒体来传播和发布资讯,从而形成的营销、销售、公共关系处理和客户关系服务维护及开拓的一种方式。一般自媒体营销工具包括论坛、微博、微信、博客、SNS社区,图片和视频通过自媒体平台或者组织媒体平台进行发布和传播。

网络营销中的自媒体主要是指具有网络性质的综合站点,其主要特点是网站内容大多由用户自愿提供(UGC),而用户与站点不存在直接的雇佣关系。其传播的内容量大且形式多样;每时每刻都处在营销状态、与消费者的互动状态,强调内容性与互动技巧;需要对营销过程进行实时监测、分析、总结与管理;需要根据市场与消费者的实时反馈调整营销目标等。自媒体的崛起是近些年来互联网的一个发展趋势。不管是国外的Facebook和Twitter,还是国内的人人网或微博,都极大地改变了人们的生活,将我们带入了一个社交网络的时代。社交网络属于网络媒体的一种,而我们营销人在社交网络时代迅速来临之际,也不可逃避地要面对社交化媒体给营销带来的深刻变革。

- **自媒体昵称是否选得好将决定内容的吸引力**

自媒体营销的最高境界是什么?一言以蔽之,就是做最"伟大"的"标题党"。这个"标题党"可不好当,必须"内容与噱头齐飞,视图共文字一色",做货真价实、有噱头、有实质的微言大义。

在这里我们以微博为例:

尽管以前微博只能写140字,但到了2016年,允许字数突破限制,达到2 000字,或许以后允许字数还可能更多,不过无关紧要。一般写微博的,大多会控制在140字内。篇幅太长了,就没什么人愿意看。因此其依然是微言大义。

请注意,此处微博如无特别注明,就是指新浪微博。毕竟,几番沉浮下来,新浪微博已经从4个字简约到了2个字——微博,也重新定位再出发,变成了社交媒体,而非上次沉沦时的社交网络。

微博是一个典型的自媒体,大多数自媒体一开场,都会碰到三个"坑"。

别以为注册微博就和注册邮箱一样容易,其实里面"坑"挺多的。尽管以后可以改,但咱们得尽量避免跳"坑",还是先别忙着填写。

在建立微博之初,你必须明确自己建立微博的目的——为了好玩?为了让别人欣赏你?为了分享意见?还是为了销售商品?明确这一点,将对你未来的微博之路有非常重要的帮助。

假设你现在只是来微博上分享想法的,现在开始注册。有两个分类:一是个人注册,二是官方注册。这一步简单,你是给公司、机构来注册的,就选2。如果你仅代表你自己,不管你多大名气,都选1。

现在进入第一个"坑":绑定手机坑。对于个人用户来说,这没啥,自己的手机自己用,以后换手机的时候解绑,再绑定新的就可以了。

但对于官方微博来说,最好别用个人手机来注册。一方面,运营人员离职,可能带来不便;另一方面,官微运营都是团队作战,需要绑定手机移动端来做安全保护,使用个人手机很不方便。可以绑定公共手机由运营团队来使用。

第二个"坑"随后就到:昵称用啥。同时还有第三个"坑"紧随:头像用啥。用自己的大头贴合适吗?

这件事确实表面上看起来没有标准答案。有的官微说,我就是来宣传品牌的,品牌名做昵称最好;有的名人说,我的名字有号召力,真名就可以了;还有些人则觉得,要搞个让人一看就能记住的最佳。

以2016年12月的微博榜单中的垂直V影响力月榜为例,看看每个垂直门类的十强分别在昵称上有什么特点:

1) 互联网

用真名的1个,4字≤昵称≤6字的6个,含英文昵称的1个;用真实头像的2个,用萌态头像的2个,用艺术字做头像的3个。

2) 时尚类

用真名的1个,4字≤昵称≤6字的10个,含英文昵称的1个;用真实头像的2个,用萌态头像的2个,用艺术字做头像的3个,其他则常用经典名人或风景做头像。用真名的,还在名字前加了"搭配师"字样。

3) 娱乐类

用真名的1个,4字≤昵称≤6字的10个,含英文昵称的1个;用真实头像的0个,用萌态头像的6个,用艺术字做头像的2个。用真名的亦在姓名前加了"长腿"字样。

4) 美食类

用真名的0个,4字≤昵称≤6字的6个,含英文昵称的0个;用真实头像的1个,用萌态头像的5个,用艺术字做头像的2个。

5) 旅游类

用真名的0个,4字≤昵称≤6字的9个,含英文昵称的0个;用真实头像的4个,用萌态头像的1个,用艺术字做头像的1个。

6) 医疗类

用真名的4个,4字≤昵称≤6字的9个,含英文昵称的0个;用真实头像的3个,用萌态头像的5个,用艺术字做头像的0个。大多真名前都加了前缀,如主任医师、整形医生、针灸师等。

7) 摄影类

用真名的0个,4字≤昵称≤6字的8个,含英文昵称的1个;用真实头像的1个(还用镜头遮住了),用萌态头像的3个,用艺术字做头像的1个。

在截至2017年2月的全部36个门类中,选择放在展示页的前7个门类进行统计,其实已经很能够说明问题了。

3.2 营销思维

营销思维是指员工针对日常工作中所面临的问题,能够站在营销人员的角度、从营销视角出发,运用营销理论、知识分析问题并能提出有效的解决方案的思维模式。

"营销思维"的核心是营销敏感性,即员工能不能将所发现的问题、所见到的现象,迅速转化为营销问题、营销现象,并加以营销处置。

• 三个层次构成营销思维

现在流行一句话:"思路决定出路。"但什么决定思路呢?我们认为,"高度决定思路"。市场营销问题的解决更是如此。只有对营销本质的理解到位了,才可能有正确的营销战略;也只有营销战略正确了,具体的市场策略才能变得真正有效。这也是一个普遍的管理原则,即纠缠于某个层次的问题,往往需要基于更高层次的认识和理解,并最终在更高层次上解决问题。

所以,认识和建立不同的营销思维层次,有利于我们对现实市场营销问题的理解和把握,并能具体指导我们的营销策略和市场运作。下面以饲料行业的市场营销案例为背景,来认识不同的营销思维层面。

饲料工业是联系种植业和养殖业的中间产业,生产成本和产品价格受到粮食价格和养殖产品价格的双重制约。一方面上游的粮食价格上涨,导致饲料原料成本不断上升;而另一方面,其下游养殖业因结构调整对饲料需求减缓,这样饲料价格不能与成本同幅提高,导致整个行业利润减少。再加上饲料行业地域性强、进入壁垒低和集中度低等特性,大多数业内企业形势十分严峻:市场分散,产品同质化严重,生产能力过剩,规模优势无法发挥,成本居高不下,经济效益明显下降,企业开始恶性竞争,如乱放添加剂导致质量参差不齐、互相诋毁的广告宣传战、不惜血本的价格战和促销战等等。

这些市场现象大家已是"司空见惯"了,但面对这些纷繁复杂的问题,不同层次的营销人员,其营销思维的高度不同,也决定了他们的解决策略和方法是不同层面的,当然其有效性也是有高下之分的。

1) 同质策略难以适应市场之需

基层营销人员的营销思维往往是:不就是打价格战、促销战和终端战吗?我就设法比竞争对手打得更好不就得了吗? 于是你低价,我就打折;你买一赠一,我就有奖销售;你广告轰炸,我就终端拦截……

这是在短兵相接中逐步总结和提炼出的一些有效的策略和套路,有时的确能克敌制胜,至少可以顶上一阵。于是大部分营销业务员,甚至有些经理都陷入营销就是如何打广告、如何做促销和如何作终端的误区。

基层的营销人员应该见利见效地解决眼前的市场问题,将营销战略意图落实到具体的策略上,穷尽方法实现目标,这就是我们天天在喊的营销执行力。

但这样的营销思维是注定不能走出市场困境的。某饲料企业是一家成功运作多年的上市公司,有着辉煌的发展历史,各级营销人员总结和积累了许多成功的经验和实用的套路,如技术培训、季节性渠道促销(在旺季前向渠道灌水,抢占经销商资金,因为农民是赊账的,渠道资金占用多少往往决定销量大小)、建立养殖示范户等,但这些成功的招数很快被竞争对手模仿,导致该企业的营销费用不断增加,各级分销利润空间越来越小,客户不断流失。

这也是其他行业大多企业面临的营销困境。

2) 建立战略营销思维

当市场上这些问题成堆地出现在营销经理面前的时候,他们开始重新思考那些业务员们常用的一招一式的战术和方法到底有多大用处,并开始在更高层面思考市场问题——建立战略营销思维。

首先,通过市场调研和分析,有效地细分市场,进而选择自身最具优势的目标市场和消费群体进行营销活动,而不是像以前那样到处攻城略地和上下通吃,至少能知道有所为有所不为。

同时,围绕着既定的目标市场和消费者进行营销策略的组合,强调策略和战术的整体联动和整合运作,并总结和提炼出许多我们津津乐道的所谓营销模式:深度分销、概念营销、体验营销、服务营销、终端营销等。

现如今,这些营销模式被一些所谓的业内专家和营销高手们演绎得眼花缭乱、纷繁复杂,听起来挺唬人的,其实不过是"4P"策略的结构化:将其中一个P提升为战略性核心,其他三个P围绕这一个核心来安排,构成"1P+3P模式"。这样就避免了以前4P策略间的相互脱节甚至相互矛盾的情况。因为不同的市场环境、不同的行业竞争结构、不同的企业资源和能力,可以有不同的营销战略核心:或以产品为核心,或以价格为核心,或以渠道为核心,或以促销推广为核心,这样分别以4P中的任何1P为中心都可以构成有效的结构化营销策略组合,也就构成了上面的那些林林总总的营销模式。

不管怎样,这种营销战略思维的建立,使得企业的目标市场变得更为明确,营销资源的配置更为集中,营销策略更为协同和精准,大大提高了营销活动的效能。在饲料营销的案例中,具有营销战略思维的经理会进行如下的策略调整:

(1)将目标市场确定为养殖大户,整合现有的产品、促销和技术等营销资源为其提供系统的养殖增值服务,并以其为示范户去辐射其他养殖散户。

(2)改造现有的一般的经销商,有意识地扶持当地有影响力的兽医、生猪商贩等相关经销或合作经销饲料,利用其行医防疫、生猪收购等服务力,贴近服务广大养殖户,建立服务功能型渠道。

(3)建立以"本地业务代表+终端经销商+养殖示范户+散户"的用户组织体系,以及普惠性质的兽医服务体系,即企业与终端经销商共同聘请当地优秀兽医,提供免费防疫和养殖技术咨询等服务,同时积极嫁接和整合当地信用社、生猪收购企业和种猪场,系统地为养殖户提供综合服务。

这种基于服务型渠道的结构化营销策略组合充分发挥了各项市场策略联动运作的效能,在区域市场的竞争中取得了较大的优势,使得竞争对手一时很难像以前那样简单模仿和跟随,毕竟这种策略组合需要较系统的组织能力、较到位的队伍执行力和相当的营销资源。

这种战略营销思维是作为合格的营销总监必须具备的营销思维层次,它指导和协调企业各项具体的市场策略,以形成相对的竞争优势。正如《孙子兵法·兵势篇》所云:"故善战者,求之于势,不责于人……"否则只会疲兵耗战,其结果必将是灾难性的。

但这种营销战略层次的思维是否能保证企业获得持续的竞争优势呢?从大多数行业的市场竞争表现来看,这是很难保证的。在产品和服务同质化的同时,营销策略与手段也跟着同质化了,竞争对手还是会追上来的。应该有更高层次的思维来引领我们破解这些现实中的营销迷局。

3) 谋局胜于夺势

当营销进入这种层次的时候,企业家就成为市场营销的主角了。作为具有创业视野的企业家是这样认识竞争的:现代市场竞争已不仅仅是单个企业之间的竞争,而是企业所参与的产业价值链之间的竞争,企业的竞争优势更多地来源于产业链的系统协同效率。企业必须在产业链的关键环节上发挥核心能力,结构化提升自身职能和存在价值,通过深化与上、下各环节的关系,以确立在产业链中不可替代的主导地位,然后不断优化、整合和管理产业链,加强各环节成员间的协同合作,以提高整体运行效能。

所以,企业家们的营销思维是改变游戏规则,谋成一个局:一方面,彻底扭转与客户的交易关系,使之成为价值链中的一个环节,并让客户越来越依赖自己;另一方面,通过整个产业链来建立真正的产品价值差异,彻底摆脱单个竞争对手的纠缠。从某种意义上来说,这种格局使一般意义上的营销策略组合成为多余,相反如果企业处于不利的战略格局,就是穷尽一切营销策略,也是无力回天。

以上介绍的营销思维的三个层次是构成一个企业营销的完整层次,缺一不可,它们引领企业不同发展阶段的营销活动。在企业的生存期,也许一招一式最适合,简单易行,见利见效;当企业发展到一定阶段,处在成长发展期时,则需要构建营销战略,依靠结构化的策略组合建立市场强势;当企业达到行业相对领先的地位时,需要有勇气超越,在产业链竞争的层次中构建有利的竞争格局!还是那句话:思路决定出路,高度决定思路。

3.3 新媒体如何定位

首先,我们要知道什么是定位。这里引用百度百科的解释:"定位,指确定方位;确定或指出的地方;确定场所或界限(如通过勘察)给这个地产的界限定位。"定位在自媒体中,大体讲就是明确自己的写作方向或运营目标。很多人可能对定位这个词还很陌生,当面对一个自己不熟悉的问题,提问和市场调研是一个非常好的解决办法。提出好问题,问题解决一大半。

例如:

(1) 我想写哪方面的内容?

(2) 我擅长的领域有哪些?

(3) 我最感兴趣的内容有哪些?

(4) 我可以从哪些角度去写?

(5) 从第一人称角度如何去写？
(6) 从第三人称角度如何去写？
(7) 如何从男性或女性的角度写？
(8) 自己写作针对的主要人群是什么？
(9) 这些人群的主要需求有哪些？
(10) 这些人群的阅读习惯有哪些？

继续这么提问下去，可以提一两百个问题，很多问题在提问时便解决了，在这个过程中我们对自己的定位也就慢慢清晰了。总的来讲，明确自媒体的定位，可以从以下几方面入手：(1) 内容定位；(2) 角色定位；(3) 功能定位；(4) 读者群定位。

1) 内容定位

要做好内容定位，先要明确写作的领域，比如搞笑、娱乐、教育、健康等。其中，内容可以包括分享经验，教授技能，传递知识、情感、爱等等。领域确定后最好就不要改变了，内容前期建议单爆一两个点，先专注一两个点，这样后面会越来越轻松，等到一定阶段后可以根据实际情况做调整。

2) 角色定位

假如你想做一个亲子教育类的公众号，你可能会从一位母亲（女性）的角度去写，但这类定位的公众号实在太多，已是一片红海。不过，如果你从父亲（男性）的角度去写，也许就是一片蓝海。当然还有些公众号是以虚构的卡通这样一个可爱、萌萌哒的角色去写的，比如：小瘦、瘦妞、铺盈盈等等。

3) 功能定位

有些人做自媒体单纯是为了赚钱（获取平台广告费），有些人是为了塑造个人品牌，建立粉丝圈，还有些人是为了展示公司品牌、形象。人不同，玩法就不同，这点也要明确。

4) 读者群定位

在商品过剩的时代，产品没有明确的定位，将很难在同质化的竞争中脱颖而出。换作自媒体也一样，各大自媒体领域都有行业大V，刚入行的人，如何在激烈的竞争中脱颖而出呢？这就需要将领域细分，细分，细分，再细分，找出特定的目标客户群，并将其作为切入点。总的来讲，如果能明确这几点，自媒体的定位也就基本清晰了，剩下的就看执行了。

3.4 推广技巧

1) 与你的读者成为朋友

绞尽脑汁写的文章却没人阅读？是不是应该思考下其中的原因：是文章不够吸引人？还是自己推广得不到位？不少自媒体人选择QQ空间作为发布平台，但你想过自己的好友是潜在读者吗？

IT类的文章通常只有这个圈子里的人会有兴趣。即便你的好友中多数都是在IT行业工作的，可别人为什么要去点击你的空间？不经常与好友互动，可能好友都已经忘记了你的存在。所以别嫌麻烦，没事的时候多去踩踩空间，评论一下好友的说说，或者使用软件给好友点个赞。

2) 学会如何彰显个人魅力

与其说自媒体人以文字吸引人，倒不如说是以个人魅力吸引读者。其实两者同样重要。所以自媒体人还得学会包装自己，对于草根自媒体人来说包装尤为重要。有时候评论内容辛辣一点也好，或者经常在QQ空间里晒点生活照，介绍自己的朋友和家人，平常多帮助自己的好友，甚至可以搞一些线下的聚会，让别人感觉到你是个热情、幽默、爱交朋友的人，时间长了自己的个人形象就树立起来了。

3) 定期给读者一点好处

好友经常来阅读你的空间日志，也算是粉丝级别的了，那么给这样的粉丝一点回馈也很正常。搞个抢红包活动，派送点红包比较实在，虽然红包里没有多少钱，但却造就了一个答谢、沟通的过程。

有人说没有干货的自媒体肯定会失败，可干货内容毕竟少之又少，而且干货也不是每个人都愿意分享的，自媒体还是要以文笔取胜。同样的IT评论，同样的观念，文笔风格不同，效果就千差万别：幽默有趣的人人爱读；官方刻板的少人问津。

4) 与人抱团取暖共享资源

如今的草根自媒体人不在少数，以写互联网评论的人居多。如果来一次抱团取暖，十几个写相同主题的自媒体人聚集起来，互相推送对方的文章，就完全可以达到粉丝资源共享的目的，这是一个流量变现的好方法。但其前提是自媒体人互相间要有足够的信任，还有就是粉丝和流量要大体相当。相同级别的草根自媒体平台不妨选择合作，几个人积累用户和粉丝，总比一个人单打独斗的效率要高得多。

5) 名人微信公众账号推荐

如果你开通的是微信自媒体平台，那么你可以多利用朋友圈。不少朋友获得名人大号的微信公众账号推荐,粉丝数量能增长至少上千。如果你身边也有类似的知名账号推荐,并且你做的内容还不错的话,你也能在短期迅速增长不少粉丝。

6) 利用媒体资源推荐

在实践中,文章通常可以利用两类媒体资源推荐给更多受众。第一类:媒体类型的微信公众账号。我们知道不少媒体类型的微信公众账号的首批粉丝都从网站导入的,它们都在自身网站上放置二维码,用户通过扫描二维码添加关注而成为其粉丝。第二类:知名互联网评论人。不少知名互联网评论人,由于自身有丰富的互联网从业经验、对互联网有着自己独到的观点和见解,他们通常都会成为四大门户新闻网站科技频道、新媒体科技博客等网站的特约撰稿人,这些网站会经常向他们约稿,网站在发稿时也会附带他们的简介和微信公众账号以及二维码,这既帮网站提供了好的内容,又帮他们获得了自身知名度的提升和推广了自己的微信公众账号,双方合作共赢。

7) 与商家合作推广

这个合作应该怎样进行呢?如果你帮他们推广宣传还不向他们费用收取费用,就如同采访的时候跟现场的食客们说,大家今天可以扫描一下我们的二维码,扫描二维码的都可以被赠送一瓶饮料,同时,我们还会经常给大家分享一些美食。在前期进行合作推广,先不用考虑盈利,吸粉才是最重要的。如果就这样一天做两个采访,也能吸引一百来个粉丝。

8) 与高校社团开展合作

这种活动最容易吸引高校社团了。可以定一个主题,比如某某自媒体联合某某高校社团开展夏日寻美食的主题活动,然后跟一些社团负责人联系,让他们选出几个代表就可以了。接下来,你们就可以一起愉快地去拍视频了。这样一来,又可以拉拢一批粉丝,既增加了曝光度,又增加了粉丝数量。这样做还能让大家都拥有参与感,做自媒体更应该注重用户的参与感。你也可以从关注你的粉丝中选出几个代表来参加拍摄的活动。其实大家都对拍视频感到很好奇,大部分人都有拍视频的愿望。

9) 开展线下活动推广自媒体

如果是美食类类自媒体,你们可以借助你们自有的平台,比如你们的微信公众号,发布一个招募信息,招募成员,免费跟随你们一起去各个地方寻找美食。被招募的成员可以免费试吃,还可以与工作人员合影留念,还会被赠送一些精美小礼品。这样做有什么好处呢?第一,可以让这些成员关注你们的公众号;第二,可以借助这些成员的力量,如让他们把视频分享到各自的朋友圈、QQ群等平台,也可以让他们邀请他们的同学和朋友来关注。这样的话,既增加了粉丝,又免费宣传了自己的品牌。

10）通过贴吧或论坛推广自媒体

除了在线下进行推广，还需要在线上进行推广。一些跟自媒体主题相关的贴吧，可以用来发布你们的视频，但是标题不能写得太广告化了。现在论坛虽然不景气，但是不可否认的是，其还是有一些流量的。如果直接发帖子不好使的话，那就跟论坛进行合作，比如出去拍摄的时候，可以拉一个某某论坛的广告条。然后以与某某论坛合作的名义，在论坛上发布一些活动，也可以分享一些美食的做法等，这些方法都是可取的。

11）通过 QQ 群推广自媒体

这也是一样的道理，查找一些跟自媒体主题相关的 QQ 群，以分享的名义去发一下链接，可以在群里面发一些红包，偶尔在群里问他们是否关心某些话题。如果他们想了解更多的话，就可以把你们的视频链接给放上去了。

当然，除了跟自媒体主题相关的，你也可以收集一些交流群，或者带有行业性质的交流群，这样的推广比较精准。

12）通过视频网站推广自媒体

视频类的节目最容易被推广的地方就是视频类的平台。在推广的时候需要把握好一些细节，最重要的就是标题和视频内容了：标题影响着你的浏览量，内容影响着网友的转发量。

如果你拍摄的美食类视频，让人看着没有转发的欲望，不得不说，这是很失败的。如果一个星期拍摄一期的话，应该用心地去做好每个细节，包括策划、创意、字幕、剪辑等等。让人看到以后能够自发传播的内容在某种意义上来说就是成功的。内容、推广、盈利模式，可以说是自媒体人应该把握的最重要的三大核心要素。

在创业前期，没有资金、缺乏技术，唯一需要做好的就是用心做好内容上的细节。做自媒体的朋友可以多关注一些做得比较好的自媒体人士，看看他们的内容为何会传播得那么快，再来审视下自己的内容，为何就没有人去转发分享。而在自媒体的推广方面，在做好最基础的内容的同时，还应该多思考一下能否多策划一些活动，来带动用户的参与。

3.5 营销推广案例

案例：分享朋友圈，免费的品牌推广

微微新年爱情山庄摄影是一家婚纱摄影机构，为了扩大品牌的影响力，推出了"【密恋花园】拥抱大自然的婚纱照，将活动分享到朋友圈赠送婚纱一件"的活动。想要参与该活动非常简单，只需要关注该平台，将活动信息分享到朋友圈并截图,就有机会得到施华洛新娘婚纱一件。

  想要获得该奖品的粉丝不仅有马上要结婚的新娘,还有普通的女性大众粉丝,她们也渴望有一件非常美丽的婚纱。该活动的奖品吸引了大量粉丝,引发了粉丝的积极转发。

  关注该平台的粉丝大多是未婚或新婚的年轻人。他们身边的朋友大多也是和他们同龄的同学或同事,而这类人群正处于马上要结婚的阶段。粉丝将该活动分享到朋友圈后,立刻能激发好友的共鸣,他们总会抱着试试看的心态参与到活动中。运营者想要推出分享活动,就要注意奖品的吸引力,只有奖品拥有足够的吸引力,粉丝才会愿意分享。

第四章 微 商

4.1 认知微商

• 微商概述

微商,英语名称为 We business(全民创业)。微商是基于移动互联网的空间、借助于社交软件为工具、以人为中心、以社交为纽带的新商业。

微商就是继电商之后最新兴起的一种网络商业模式,其以微信、微博、微商城(微店)为载体,以移动智能终端为硬件基础,借助 SNS 关系开展产品及服务的营销。

微商经营的产品主要是一些利润较高的快消品,以分销、代购为主,微商从业者具备严格的等级和收益划分,且一般市场定价制度比较严格。

• 微商分类

微商具有多种分类,主要是以经营方式和产品作为分类依据。一般来说,微商按经营方式主要可分为以下几种:

微商城:它主要是借助微信公众号、微信朋友圈和微博等媒介推送微店和微商城的产品。交易均通过微店和微商城进行。它属于比较有保障的模式。

微分销:它主要销售一些比较纯粹的单品或者简洁实用的商品。这些商品拥有自主品牌,具备快消品属性。该类微商主要以招募代理实现层级铺货,进行分销。它多为美容护理方面产品采用。

微连锁:它属于 O2O 模式,线上线下结合,以实体店加盟的形式参与微营销。

微代购:它与电商代购大体一致。

• 微商的优势

微商绝非简单的朋友圈卖货。单纯的朋友圈卖货通常在产品的质量、品类的选择,物流、维权等方面都存在许多问题,难免会充斥着大量非法、暴利的三无产品。朋友圈卖货的这批人只是借助了早期朋友圈的过度开发一炮走红,获得了朋友圈入口的第一波红利迅速致富。由于朋友圈卖货这种代理分销的裂变效应和低门槛、零成本式的病毒营销,朋友圈卖货商在朋友圈内如雨后春笋般大量涌现,因此朋友圈形成了最早的微商C2C雏形。而C2C发展到后面都会面临洗牌。随着微信官方对朋友圈恶意营销的严厉打击和用户对其广告的深恶痛绝,新的移动电商平台的崛起使朋友圈卖货必将走向消亡。

在微商模式下,朋友圈只是C2C阶段的一个方面,微商C2C在产品的质量、品类的选择,物流、维权等方面均交由B端货物供应者(包括厂商、供货商、品牌商)来解决。微商模式最大的好处便是将N种渠道所接触的客户通通汇聚起来,形成一个属于企业自己的大数据库,从而实现个性推荐、精准营销。微信是一个绝佳的客户管理平台,将各渠道的客户汇聚进来后便能实现畅通无阻的通道模式,直接消除了一切中间障碍,商家在公众号上就能和消费者建立直接接触。当消费者使用企业的产品后,若发觉价格、效果均不错,可以通过企业统一搭建的微信商城入口申请成为微客。微客可以分享商品链接到朋友圈、微博、QQ空间等社会化媒体上,实现基于熟人推荐方式的裂变式分销。同时,每一件由微客销售的商品,均可获得一定的分佣、优质正品+分佣奖励,双重奖励机制可以有效激发微客的分享动力。

• 微商与传销

微商模式是否有触犯法律底线的可能,这是很多人都特别关心的问题。

什么是传销?《禁止传销条例》规定,传销是指组织者或者经营者发展人员,通过对被发展人员以其直接或者间接发展的人员数量或者销售业绩为依据计算和给付报酬,或者要求被发展人员以交纳一定费用为条件取得加入资格等方式牟取非法利益,扰乱经济秩序,影响社会稳定的行为。

很多人之所以认为微商可能触犯传销底线,是因为他们误以为微商就是朋友圈卖货的那批人。朋友圈卖货层层发展代理有触发传销的法律风险:它们都是层级管理,不断发展下线(代理),下线一般都是亲朋好友,下线一般都要先购买商品;它们都是用轻松赚钱来作为宣传口号。

微商与传销有本质的不同点:微商所销售的商品一般并非高价,多为面膜、服装等消费频率比较高的商品;其根本目的是为了卖货赚钱,不是通过诈骗赚钱。

然而,事实也不容乐观。2014年,各地警方频繁破获一些微商诈骗的案件。例如,2014年7月合肥警方就破获一起微信传销案:"自2014年以来,有人对外以上海某企业咨询有限公司的名义,伙同他人在某市各中小酒店,以发展"微商城"的不同级别"代理商"为名,要求参加者缴纳费用获得加入资格,并按照一定顺序组成层级,直接以发展人员的数量作为计酬或者返利依据,引诱、胁迫参加者继续发展他人参加,骗取财物,初步估算涉案价值50万元以上。"

之所以出现这种乱象,主要是因为微商鱼龙混杂,真正想卖货赚钱的和想通过诈骗骗钱的搅和在一起,造成了微商发展的迷局。的确有真正做卖货生意的微商,通过不断努力探索社交购物的经验教训,掘到了第一桶金。微商也确实让一些相对不具有职场优势的群体有了获取收入的机会,例如在家带小孩的母亲、残疾人士、在校大学生等。但也有不少以微商之名、却行传销之实的人,其发展代理的本质是引诱发展下线,将团队做大骗取钱财。真正的微商则不会有踩法律红线的风险。微商虽然在生产商—分销商—微客上具有一定的层级关系,但是其根本目的是为了卖货赚钱,不是通过诈骗赚钱。而且在形式上,无论是分销商还是微客,他们推销的产品都是企业移动商城上的产品,微客所拿佣金为对应的企业或分销商直接提供的,而非通过层层代理的盘剥方式获得。

• 从事微商的困惑

微商是一个新鲜事物,微商的销售思维和传统的销售思维不一样。很多人在微商行业里创造了财富奇迹。但更多人却不懂微商怎么做,只知道囤货销售。囤了货以后,发现很难开拓销售渠道。销售方法找不到,想拜师拜不到,想进团队找不到。另外,做微商还存在无法保障所销售的产品质量安全的风险,所以微商可能要承担一定的负面影响。

• 微商理念

"微商五条"是微商代言人韩束微商CEO陈育新在"解毒面膜"活动会议上提出的,并称其为"V5条"。"微商五条"完善了此前提出的"微商三条"。"微商三条"的红线就曾受到业界热议,而此次的升级版"微商五条"更直奔微商"三无、传销、骚扰"三大质疑,首次以产业人士角度来界定"什么是微商"。陈育新说:"微商让大家误解的是社会化营销的信息导购方式。微商基于有品质的正规产品,微商建设正规有限的渠道;而传销渠道层级则是越多越好,通过无限累积金字塔渠道层级本身获利,无关产品。微商将是新的商业文明,是即将成为趋势的群属消费,我呼吁同业者一起来呵护微商的健康成长。"

何为"V5条"?其文如下:
(1) 需求真实,产品有品质保证。假货劣质、没有质保条件不是微商。
(2) 自己或亲人使用。无体验分享不是微商。
(3) 信息节制得体。骚扰不是微商。
(4) 渠道为正常几个层级。无限发展渠道层级牟利不是微商。
(5) 为更好的生活而不是一夜暴富。成功学与大忽悠不是微商。

• 微商的作用

微商最大的好处在于沉淀用户，实现分散的线上线下流量完全聚合。事实上，微信的原点是社交而非营销工具，这就决定了微商比传统电商更能精准找到用户群和互联大数据，从而大幅提升企业服务和订单量。

对企业而言，微商是去中心化的电商形态。淘宝是 PC 时代的产物，大多数传统零售企业在淘宝基本不赚钱，而且面临如何沉淀用户等难题。一方面，无论是 B 店还是 C 店，为商家带来订单的用户属于淘宝平台，并非商家所有；另一方面，用户主要通过搜索完成下单，商家缺乏与用户直接沟通的渠道，无法了解用户的真实需求。

• 微商的未来

随着淘宝弊端日益凸显，传统零售将陆续走上搭建自营体系之路。无论是官方商城还是官方微信，逐渐把淘宝平台用户导入微信平台，同时建立会员体系，通过积分、优惠等多种手段深度拓展用户群。未来 3~5 年微商将迎来大爆发。

未来零售行业将呈现电商、微商和传统零售三种形态，比例依次为 3∶3∶4，没有任何一股势力能完全占主导地位，淘宝不可能完全颠覆传统零售，微商也不可能颠覆淘宝，三者一定是长期共存关系。

就电商发展趋势看，现在人人可以快递，人人可以卖房，未来人人也可以电商，未来基于朋友圈信任的推荐是非常有价值的，因此 B2C 微商才是真正的未来。

完善的基础交易平台、社会化分销体系、社会化客户关系管理系统和售后维权机制是 B2C 微商成熟的基础条件。在以后零售销售渠道比例上，微商可能占到 30%，2015 年是微商元年，是微商创业的大好时机。

• 微商公约

2015 年被称为微商元年，朋友圈卖货现象如何扭转，资本和市场热捧的微商未来是否光明？微盟 CEO 孙涛勇在"Weimob Day 开放日暨微商论坛"上提出：野蛮生长的微商需要借公约加强自律，分销是微商发展的关键，但需要技术手段来规范。微商由基于微信服务号的 B2C 微商和朋友圈开店的 C2C 微商组成，微商正在迎来爆发增长，但微商们也意识到包括朋友圈暴力刷屏、产品质量无法保证、同质化严重、品牌周期短等严重问题。

4.2 微商创业

● 如何做好售前、售中、售后

我们很多人之前是没有做过销售的,售卖经验几乎是空白的。但我们每天做的事情又是直接面对消费者进行说服,所以我们必须要快速学会一些基本的销售技能和话术。一般销售过程可以分成三部分:售前、售中和售后,不管你是面对代理或是面对零售,如果说成交没达成,问题必然出在这三个方面之中。那么我们应该如何来做好这三个方面呢?

1)销售前

大多数微商从业者都是半路出家做微商的,之前并没有相关的经验,一个偶然的机会接触到某一个产品,在自己试用过产品后开始决定做微商。与实体店和淘宝电商的销售人员相比,微商的差距是非常明显的。所以建议微商从业者一定要多学习,快速弥补自己的不足。对于销售前的准备工作,以销售化妆品为例,给微商从业者八点售前建议:

(1)首先要充分了解我们销售的化妆品,包括产品的售价、质量、功效、品牌等。例如,韩束产品不多,就几款而已,花点时间弄懂并记住这些。

(2)深入了解我们销售的化妆品的核心优势,用一句话总结出来。例如,韩束的墨菊深度补水,"让你的肌肤一次喝个够"。对产品的核心优势的总结并不是一成不变的,因为一款产品会有许多优势,对于实际销售对象而言,最能打动她的那一点就是最核心的优势。

(3)要清楚我们销售的化妆品品牌缺点,并且知道怎样去克服这些缺点。这样一来,一旦遇到顾客提及这些缺点,我们方能从容应对。无论多么牛的国际大牌产品,都不可能面面俱到,总会有一些不足和缺陷的。这一点我们要心里有数。例如,黛莱美洁面乳泡沫少,顾客会认为这是该产品的缺点,因为顾客觉得泡沫少洗不干净。黛莱美洁面乳泡沫少这点我们自己要清楚,遇到顾客提及,我们可以立刻拿出早就准备好了的应对话术来应对。

(4)说服自己,让自己也坚信我们销售的产品是最好的(自己向自己提问题,或者平时要收集客户提出的问题)。有了这种底气,我们在向顾客推荐的时候,这种自信无形中就会影响到顾客,让顾客也感觉到我们销售的产品一定是好的。

(5)了解市场同类化妆品品牌的优点和缺点,更重要的是要了解我们销售的产品与之相比的优势。这一点非常重要。因为我们在销售过程中会经常碰到顾客提到某某牌子如何如何,如果我们一点都不了解顾客提到的某牌子,我们和顾客的沟通就会非常困难了。

（6）了解我们销售的化妆品主要是面向哪部分人群，这些人群有什么特征，这些分析会让我们在做销售时更有目标感。例如，我们的蓝莓面膜卖给小区的家庭少妇比较容易，但卖给学生比较困难，因为学生们更喜欢BB霜。这种产品人群分析就叫"把合适的产品送到需要的人手里"，它会大大提高销售的成交率。

（7）要尽一切可能去加一些潜在客户，微信好友人数最低要达到500（可由QQ好友导入，或者通过社交网站、有联系的论坛等添加好友）。有受众数量保证才能有销量，如果朋友圈就那么几个人，那么销售肯定困难。

（8）要有承受艰苦、失败的毅力，还要有灵活应变的头脑。做微商是很辛苦的工作，很累的，没有吃苦的精神是做不好的。

2）销售中

一旦我们确定开始向朋友圈推销产品，我们就进入了售中阶段。如何吸粉，刷朋友圈，吸引注意力，包装自己，发图片发信息等基础内容大家应该都了解得差不多了；如何与陌生人打交道，如何去维护老客户我们之前已经讲过。下面主要讲在售中这个环节顾客会经常问我们的几个问题，总结成话术与大家分享：

【问题】这个牌子怎么样啊？没听说过。

【分析】顾客不了解产品情况，最主要的是不相信这款产品。

【话术】

※ 这是某某明星代言（林心如、杨恭如、秦岚、袁珊珊、李晨等大牌明星），这是某某节目推荐的（思埠所有的产品几乎都在旅游卫视"美丽俏佳人""女人我最大"等时尚节目中推荐过），这是与某某大企业合作的产品（幸美股份上市公司、健康元大集团上市公司等）。

※ 也可以举实际顾客使用的例子，譬如某某顾客（越具体越有信服感）刚开始也有你这样的担心，等她自己亲自用过后才知道她原来的护肤品都浪费了，现在只用思埠这个牌子。

※ 这是采用某某为原料，可有效改善皮肤光泽，给肌肤充分滋润，有效细致毛孔，均匀肤色，而且产品（植美村）在万达（王府井百货）商场专柜都有卖。

【问题】这个产品用起来怎么样啊？

【分析】顾客对产品功效缺乏了解，希望更深入地了解此品牌。

【话术】

※ 这款产品是最适合某某类型的肌肤用于保湿（修复、美白、消除黑眼圈等）的，而且使用方便，便于携带，包装设计也精美，是我们最畅销的单品。

※ 这是采用某某为主要原料,这个原料是从日本(欧洲、美国)进口的,一般只有在上千元的国际大牌化妆品中才有这个原料。

※ 这是与某某大型企业合作的,采用最好的原料配方设计,完全可以媲美国际大牌,客户用完都会再次购买,口碑特别好的。

【问题】我考虑考虑吧(或者直接说这产品有点贵了)。

【分析】顾客说出此类话,可能是嫌产品太贵超出了自己的支付能力。

【话术】

※(嫌价格贵,但是很爱美)这款产品虽然价格有些高,但是因为所含的营养成分高,它可以使用三个月,一共270多元,一天只花3元钱(具体用多久、多少钱,根据实际情况来算),就可以让你变得漂漂亮亮的,您说值不值?

※(嫌价格贵,但确实有消费能力)现在这款产品正在搞促销,买这款产品赠送某某礼品,过几天活动就要结束了(或者说没有买赠活动了)。

※(对产品不放心)思埠集团是中国国内最大的几个化妆品企业之一,每款产品都有合格质检报告的,质量绝对有保障的。我们是请某某大明星做的代言,在央视春晚、浙江卫视"奔跑吧兄弟"、东方卫视跨年晚会冠名和打广告的。这款产品我自己在用,我朋友也在用,如果效果不好,我也不敢拿来卖。

【问题】我对任何产品都会过敏!

【分析】顾客说出此类话,可能真的是过敏,也可能是质疑产品。

【话术】

※ 啊,不会吧?我看你照片肤质挺好的,怎么都不像过敏肤质,你上医院查过过敏源吗?(了解真实情况)

※ 哦,是这样呀!那你平常都用什么护肤品呢?(了解顾客所用产品信息,并肯定其使用产品)

※ 其实您可以选择我们的产品试试,因为我朋友和你情况一样,但是用我们产品就没有过敏反应。我们的产品都通过临床的过敏性与刺激性测试,不含任何香料激素,而且不会引起面疱、红肿。香料是引起过敏反应最常见的成分,当然我也不能保证您绝不会对这些产品过敏,有些人甚至对牛奶过敏。您可以在局部皮肤最容易过敏的地方上先试用一下,看看是否合适,如果发生任何过敏反应,就不要使用了。如果你购买后发现真的不适合这款产品,我会给你调换产品。

【问题】国产化妆品我不放心!

【分析】因为目前国内化妆品市场太乱,所以顾客有顾虑。

【话术】

※ 其实国产化妆品并不一定不好,有时候国产化妆品针对性更强。欧美人的肤质和我们的不一样,亚洲其他国家的人的肤质和我们的也会不一样。譬如,有些外国人肤质较厚,用果酸效果很好;但咱们肤质就较薄,有人用了果酸就会过敏。欧美的工厂肯定不可能找很多亚洲人做皮肤实验。

※ 不管用什么,适合自己的才是最好的。我们的护肤品系列,经过了百万消费者的亲身验证,真正能给皮肤带来美白、保湿、抗衰的作用。

※ 其实国外许多护肤品原料都是从国内售出的,在国外制成半成品,再在国内制成成品包装好贴上国外标签,这样价格就上去了,多赚了消费者的钱。

以上是几个比较有代表性的问题。其实不管遇到什么问题,作为销售人员,一定要先听顾客说完,了解顾客拒绝的真正原因,这样成功的几率才会大很多。

3) 销售后

一般到了这个环节,要面对的都是已经成交的客户。在这个时候,我们要从销售的状态转为服务的状态。这就是所谓的"售前看准备,售中看销售,售后看服务"。如何给客户提供好的售后服务?下面我们就针对顾客要求退换货这个问题展开剖析。

顾客要求退换货时,通常顾客情绪会比较激动,我们应缓和顾客情绪,找到顾客生气的原因。我们可以这样来说:"亲,非常抱歉这次没有给你满意的服务。在解决问题前我可以了解下您退货的原因吗?"

退货原因一:过敏。

【话术】您是按照说明使用的吗?这款化妆品很讲究使用方法的,对涂擦手法的轻柔程度要求很严(询问顾客,即使她是按照说明使用的,也要让她意识到使用方法的偏差,让顾客知道过敏不仅仅是产品的原因,也有使用方法的偏差的原因。然后根据实际情况,在不影响二次销售的情况下,给顾客调换化妆品)。

给顾客调换产品也应该讲究一些技巧,在不得不换的情况下,我们可以这样去说:

【话术】这一款,我自己要了,我给你换一款其他的(让顾客觉得不好意思,认同你的服务)。

（顾客认同调换）真的不好意思，是我服务不到位，希望您谅解，我给你拿新的寄过去，你的产品给我邮过来。

退货原因二：觉得你卖给她的价格贵了，感觉受骗了。

【话术一】 亲，我给你的绝对是最低价。公司这边有规定的，乱价、卖假货都会被取消代理资格的。

【话术二】 你的那位朋友有代理授权书吗？现在市场上假货太多了。别人卖的是不是正品我不敢说，我敢保证自己卖的绝对是正品。

【话术三】 其实我特别感谢你能给我说这些，说明你还是信任我的。你能给我发个那个微信好友截图吗？我和公司联系一下，弄清楚原因第一时间回复你（顾客这个时候相对来说已经冷静下来了）。

【话术四】 既然选择了在我这里买，你应该相信自己眼光才对，你说呢？如果你还是觉得自己买贵了，等我问明白了一定给你一个满意答复。到时候是退是换你说了算。

以上只是给大家举了一些例子。在售后服务中我们会遇到千奇百怪的问题，但是只要你够专业、够真诚，真的为客户解决了当前问题，并且得到了顾客的认同，那么这个客户就不会流失了。

4）结束语

其实销售话术有很多，关键在于我们自己要学会总结。如果有团队，可以让团队的人把销售过程中遇到的问题集中整理出来，然后大家根据这些问题进行头脑风暴，有经验的给经验，有方法的给方法，时间长了就会形成团队自己独有的销售话术宝典。

● 终端销售技巧

销售是一门艺术，说简单很简单，只要客人说一句成交，就实现了销售；说困难很困难，客户不说成交，我们就得想方设法地让客户说成交。有时候成交甚至是无解的难题。

大家在代理某个产品之前，应该先审视一下自己是否是一名合格的金牌销售。我们先来看一下金牌销售的几个条件：

（1）主观上有强烈的意愿成为金牌销售；

（2）全方位地了解所销售的产品；

（3）了解目标客户并及时、有效沟通；

（4）源源不断地拓展新客户。

下面以某一品牌化妆品销售为例，我们讲一讲更为具体的要求：

首先,一定要对化妆品各个系列充分了解、充分认可。每一个微商销售在销售产品之前都要做好有关销售产品的准备工作。

其次,每日充满激情和正能量,立志做好微商销售。每一个微商销售都要充满激情地去工作。

最后,勤奋是至关重要的。每一个微商销售都应该做到"四勤":

(1)脑勤:多想客户在哪里,如何才能实现销售。

(2)嘴勤:多与目标客户保持联系、沟通。

(3)手勤:给成交客户及时发货,注重细节,做好成交客户与意向客户的跟踪记录工作。

(4)心勤:做好售后服务,譬如询问货物是否收到,指导客户使用产品,了解客户的使用心得、客户的使用方法是否正确,在重大节日、客户生日的时候及时祝福,与顾客进行频繁的互动。

1)消费者在哪里?

以微商销售的某一品牌化妆品来说,收入中等及中等偏低、消费水平中等及中等偏下的中青年女性是核心目标客户群体。

我们的理念是好产品就是要跟好朋友分享:亲戚、朋友,对符合目标客户群体要求的,

要做到成年女性每人使用一套产品,对邻居、同事可以采用直推法,尤其是对关系好的可以直接推销产品。还可以采用暗诱法,譬如:加她们为微信好友,时不时炫耀一下自己皮肤改善情况,时不时晒晒自己的销售流水,让她们自动成为你的客户。另外,还可以通过添加微信好友来扩大目标客户群体。微信好友是微商最基本的目标客户群体。要把这些好友进行分类,可以每天用一些方法吸引、转化、督促成交,让微信好友等目标客户群体逐渐成为稳定的消费者。

2)常见消费者类型

消费者可以分为很多种类型,常见消费者类型有:自命不凡型;小心谨慎型;防卫型;寻求答案型;贪小便宜型;软心肠型。

(1)自命不凡型。这类人总是表现出一副很懂的样子,总以一种不以为然的神情对待产品,一般以受教育层次较高、经济条件优越的人士居多。

破解之策:这类人喜欢听恭维的话,需要多多赞美,迎合其自尊心,千万不要嘲讽或者批评他。这样的顾客,说不定啥时候高兴了就能成交,而且可能一下子购买很多,并且这类顾客还容易给我们介绍客户。

(2)小心谨慎型。这类人也有一定的经济实力,有时会问许多问题,喜欢文字交流,难得语音交流,语音交流时通常说话比较小心,语速比较缓慢。

破解之策:尽量迎合她,她喜欢文字交流,我们就跟她文字交流,尽量避免她用文字你用语音;如果她用语音交流,我们也要适当放慢语速,强调品牌积淀、强调我们的产品可以放心大胆地使用。我们如果能消除客人的疑虑,就离成交很近了。

(3)防卫型。这类人经常在微信上买东西,用过许多种化妆品,有的效果好,有的效果差,所以她什么都怀疑,耐性特别差,喜欢教训人,有时喜欢跟我们销售人员唱反调。

破解之策:首先我们要多倾听,承认对方说的有道理,但不要过分地奉承他。当对方在你面前觉得有优越感、又了解了产品的好处时,通常就会购买产品。

(4)寻求答案型。这类客人最显著的特点就是喜欢问为什么,这个为什么,那个为什么,这里怎么回事,那里怎么回事。

破解之策:如果顾客对自己的需求非常清楚,对产品的信息了解得非常全面,那么自然品牌忠诚度也会很高。对待这种顾客的询问,一定要耐心细致地做出全面的回答。

(5)贪小便宜型。这类顾客也非常好辨别:热衷于打听有没有赠品、能不能便宜,除了卖产品你还能帮她做什么,你给她多多的优惠,她才会购买,喜欢讨价还价。

破解之策:多谈产品的独到之处,比如将来补发了旅行套装就可以赠送给她,突出你可以提供给她专业的护肤指导等帮助。

(6)软心肠型。这类顾客比较有同情心,尤其是对境遇凄惨的人会特别怜惜,譬如经常会跟你说,做微商真不容易,卖化妆品真不容易。

破解之策:跟她说,是的,做微商真的不容易,上有老下有小,您多买一些我的产品吧。

3)销售精髓分享

(1)事实不重要,认知才重要;我们无法改变产品的现状,但是我们改变了客户的认知。

(2)永远超越客户的期望,从不让客户失望。那么如何超越顾客的期望呢?当然是先降低客户的期望。聪明地体现产品价值,又不让消费者有盲目的幻想,是至关重要的。

• 持续的成交——如何维护和跟踪零售顾客

如何维护和跟踪零售顾客

在前面提到过,护肤品是可持续消费购买的。以黛莱美为例子,一盒面膜6片,平均3天用一次,十几天就用完了。如果客户用完一盒觉得效果不错,那么她是不是可以继续重复购买,甚至介绍她的朋友来买?所以一定要去维护你的零售顾客。一般来说,我们零售的价格没有太多的优势,因为通常我们零售的价格与淘宝和专柜价格是一样的。

做零售一般就要靠你的专业知识和个人魅力去征服顾客。给大家举例说明:大家都知道的品牌黛莱美洗面奶,通常零售价格是 98 元,但是有的经销商非常厉害,就靠她自己的个人魅力把这款洗面奶卖到了 158 元。

那么我们应该怎么去维护老顾客,怎么去跟踪新的零售顾客呢?首先要弄明白我们为什么要去维护零售顾客。为什么呢?因为终端销售是我们的一个主力市场。以护肤品来说,如果你希望代理的产品一个月挣 1 万元钱,大概 1 个月零售卖出 100 盒就可以做到了。大家可能觉得卖 100 盒很困难,怎么能够卖掉 100 盒呢?其实大家可以把目标细化:例如,一个月要卖 100 盒,一个月按照 30 天计算,一天卖 3~4 盒就可以了。这样算起来的话其实也没有那么难,每天 3~4 盒,月收入过万很轻松。由此我们不难看出,零售顾客是非常重要的。

那么我们应该如何去维护零售顾客呢?有以下几个方面的建议:

(1)建立健全顾客资料档案。顾客资料档案越详细越好,可以包括顾客的姓名、年龄、兴趣爱好、什么肤质、近年来使用过什么化妆品、希望改善皮肤的什么状况、孩子什么时候出生的等等。这些都是可以记录的,有助于加深对顾客的了解、整理资料和日后对客户进行跟踪。你可以根据顾客的皮肤状况、体质去为她量身定做一套专属于她的方案,这样顾客会觉得你非常专业。

(2)跟踪顾客的使用情况。比如一个顾客购买了一盒面膜,但是她两个月都没有用完一盒,这个时候你就应该提醒她一下,皮肤代谢是有周期的,最好在这个周期内使用完,才会有效果,或者说效果才是最好的。一定要了解顾客的使用情况,督促客户使用产品,不要怕麻烦,可以过两三天提醒一下客户该做面膜了。

(3)记录顾客消费情况。记录顾客消费情况便于你了解顾客在什么时候、买的什么产品;又在什么时候进行了第二次消费,又消费了什么。你就可以根据这些来进行分析。比如一个零售顾客两个月用了 5 盒面膜,但是一瓶水都没有用完,你得知了这一情况,就可以建议她水和面膜一起搭配使用效果会翻倍。这样,不仅产品效果可以快点出来,你还可以多做几笔单。

(4)分析顾客消费趋势。对顾客的消费情况进行细致分析,结合消费数额、产品种类、主要皮肤问题等,可以提出针对顾客皮肤问题整体解决方案。比如顾客脸上有斑,经常化妆,有可能卸妆卸的不彻底、不干净,你就可以建议她用带有卸妆功能的品牌洗面奶。可以使用基本的销售话术,如:化妆对皮肤还是有伤害的,用品牌护肤品进行修复补水,再搭配高效保湿淡斑,可以 24 小时保持水润;美肤水可以用来妆前打底、妆后定妆,口渴了还可以喝;有黑眼圈、眼袋再加个眼唇精华,等等。

大家一定要学会给顾客搭配产品使用,不是为了挣顾客的钱,而是要用心地对待顾客,真正去考虑顾客的皮肤问题,让顾客感受到你的诚意和专业精神。

(5) 给顾客专业的建议。譬如,可以建议顾客根据不同的季节调整一下使用的产品。在季节交替的时候很多人都会出现皮肤过敏的症状,这个时候你就可以提醒顾客,正值换季皮肤易过敏,让顾客平时多注意饮食,可以增加冰膜的使用,舒缓镇静皮肤,预防季节性过敏。

• 持续的成交——感情管理方法

感情管理的方法有:

(1) 不定期沟通。可以通过电话、短信、网络等手段保持日常的联系。

(2) 定期沟通。在顾客的生日、结婚纪念日、三八节等重要的、女人关心的日子,一定记得和顾客沟通,进行问候。

(3) 在节日送小礼物。礼物不要很贵重,但要很实用。

(4) 加强与产品无关的附加服务,消除顾客的戒备心理。以销售化妆品为例,经常给客户发一些护肤的小知识、生活中的小妙招、一些笑话或者一些开动脑筋的问题等,这样会使你们的关系变得更加密切,顾客也不会觉得你只有让她买产品的时候才去找她。

(5) 经常去给顾客点赞、给顾客评论。例如:天气变天的时候给顾客一些温暖的提示,请她记得多穿衣服、多喝水。在顾客档案里,可以尽量多记录一些内容,比如,顾客的喜好,顾客的小孩(是男孩还是女孩,有几个小孩,甚至顾客的小孩的生日是哪一天)。你通过与顾客聊天找到这些信息之后,就记录下来。你对顾客越了解,顾客对你的忠诚度就越高。当你将与顾客的感情关系维护的非常好的时候,她就不会再跑单走掉的。

• 持续的成交——情感营销

所谓情感营销就是把消费者的个人情感差异和需求作为营销战略的核心,借助情感包装、情感促销、情感广告、情感口碑、情感设计等策略,实现经营目标。情感营销注重和顾客、消费者之间的感情互动。人们常说,女性大多生活在自我心理的世界中,她们的购买行为往往是冲动的和非理性的。女性的消费欲望大多受直观感觉、购买环境气氛的影响,强调"美感",容易受感性作用而产生购买行为。

你的服务手段及相关的专业知识、为人处事的原则等,都可以唤起女性心理上的情绪变化,使她们产生潜在的、对美和对自我重视的需要,建议大家一定要去培养顾客的消费观念。有一句话说得很对,你永远不知道,明天和意外哪一个先来。所以说女人一定要好好把握现在,一定要对自己好,一定要有自己的生活,把自己打扮得漂漂亮亮的。不要等到成为黄脸婆的时候被年轻貌美的姑娘打败,不要等到意外来临的时候才发现对生活的美好还没来得及享受。记住不要让自己走到这一步。

大家一定要去培养顾客的消费观念,譬如可以引导顾客这样想:出去吃顿饭可以花 400~500 元,为啥就不愿意花 198 买一盒面膜保养一下自己呢?不要问为什么某某产品那么贵,要问自己为什么买不起。价格是市场决定的,买不起是自己的问题。当你把自己想得很不值钱时,你会发现所有的东西都很贵;但当你想到自己才是这个世界上的唯一的时候,其他的什么贵不贵已经不重要了,因为你自己才是最珍贵的。

曾有一个主持人问一位从不保养的太太:"你家的奔驰有保养吗?"她答:"当然有了。"主持人又问:"那自行车呢?"她笑着说:"自行车不值钱,用不着保养,随便放一边就可以了。"主持人问道:"你的意思是说,只有不值钱的东西才不需要保养,那你自己保养了吗?你期待你老公把你当奔驰还是自行车?"这位太太一愣,马上意识到了问题。

我们总是受这样一个问题的困扰:是不是应该将产品卖低价给客户。其实只要你找到客户的偏好,就会发现客户愿意为自己的这个偏好付出高价。这个跟客户的真正嗜好有关,和他购买的方式有关,和他内心中的某种情绪有关,当然也跟客户掌握的信息和愿意付出的成本有关。我们总是会认为,客户选择一个产品的时候总是理性的,比如说客户的表达总是能不能更便宜点,或者能不能欠款。而实际上,客户表达的是理性的,但是做决定的时候往往受感性因素的制约。能够影响这种感性因素的就是你可以信任的、你让我很舒服、你的这个产品让我感觉到有成就感,等等。因此我们不仅仅要关注客户的理性方面,还要关注客户的感性方面。

【总结分享】不管你做什么工作,入哪一行,先别惦记着赚钱,先学着让自己值钱,把自己提升到更高的层面上来,赚钱是自然的事。做的越少,价值越低,没有哪个行业的钱是好赚的。多付出,你会发现受益的是你自己。赚不到钱,赚知识;赚不到知识,赚经历;赚不到经历,赚阅历;以上都赚到了就不可能赚不到钱。有价值,才会升值。只有先改变自己的态度才能改变人生含金量!

• 如何与实体店铺合作

微信的发展越来越迅速,微商也逐步被大众所认可,越来越多的人加入了微商的行列。传统的化妆品企业,在微信里的渠道开拓,让大家真正感受到了微信所蕴含的巨大潜力和爆发力。微信连接你我,改变的不仅仅只是我们生活。下面我们以化妆品行业为例,重点分析传统化妆品行业和微信营销化妆品行业的一些现状。

1) 传统化妆品行业

传统化妆品行业品牌的线下渠道的运作模式是:从厂家到省级代理,然后到市级代理,再到县级代理,最后到终端实体店。传统化妆品行业的实体店大致可以分为两种:第一种是日化店(其中包括美容院),第二种是商场(或者超市)的专柜。

日化店一般会加盟四到五个一二线品牌,比如欧诗曼、柏莱雅等,还有很多日化店都是前店后院的形式,如美容院。每一个品牌的加盟都需要大量的加盟费用。比如,自然堂一个品牌的加盟费用,在几年前就是八万元;欧诗漫的加盟费是五万五千元。一般加盟的二线品牌的折扣都是五折,一线品牌的折扣一般都超过七折。日化店(美容院)盈利空间是很透明的,房租、水电、装修、人工费等,除去这些费用以后,利润空间其实是有限的。日化店的运营成本是相当高的,风险也是相当大的。

商场(或者超市)的专柜走商超渠道。这种模式相对比较简单,经营的都是品牌产品,通常是有知名度的、广告力度大的国际品牌和国内的一线品牌,比如雅诗兰黛、香奈儿等。这些国际品牌都是商场(或者超市)的专柜首先要考虑的,而二三线的品牌的知名度、广告力度达不到要求,所以商场(或者超市)的专柜都不愿意让它们进驻。

传统化妆品行业的实体店一般会归类于三种:一种是未开店,一种是新开店,还有一个就是成熟店。成熟店是我们后面要讲的合作的对象。

2) 微信营销化妆品行业的现状分析

微信上护肤品品牌的发展模式是:从工厂到总代理,再到铂金一级代理,再到下一级代理,再到特约,然后到品牌代理,最后到零售商。从总代理到零售商,省去了房租、水电、人工、装修、押金等一切开支,只需要拿一个相应级别,就可以享有相应级别的价格,这样省去了中间的环节,利润空间就非常大。我们只需要一部手机,发一个微信,通过朋友圈就可以去宣传产品。

一部分做得不是很理想的代理,他们有一个最大的缺点就是:只复制资料库里的资料,完全没有加入自己的创意或者特色。这样是很难销售的。因为每个人的个性和生活圈,都是不一样的,朋友圈必须生动有趣,这样会更有利于去吸引你的意向客户。不能一味地去刷广告,这样会让人觉得你很急功近利。

3) 与化妆品实体店洽谈面临的实际问题

(1) 利润空间。由于我们是做微商的,不需要任何的其他中间费用,只需要相应级别的拿货量的金额,我们的定位是做批发招代理为主、零售为辅;而相对来说,实体店的定位是以零售为主。我们要做的是去引导实体店在零售的同时也去招代理产生更大的利润空间,让实体店对我们的模式感兴趣,这是最主要的。

（2）质量安全。现在微信上的产品五花八门,很多实体店很担心微信上的产品的品质问题。

（3）售后服务。我们很多微商以前并不是做化妆品这个行业的,专业水平没有专业美容师的高,在谈实体店合作的时候,实体店的老板会担心售后没有保障。

（4）商业信誉。微商经营的三无产品太多了、品牌太乱了,造成了很多的负面影响,再加上某些代理人的个人素质不高和专业水平不够,所以实体店不敢轻易与微商合作,不敢轻易进驻微商的产品。

（5）区域划分。实体店经营产品是有区域划分的,比如说我做了一家某个品牌化妆品的实体店,一公里范围以内是不能有第二家这个品牌化妆品的实体店的;而微商经营产品是不分区域、不分地点的。

（6）知名度。很多实体店的老板都会选择广告投入比较多、品牌的知名度比较大、有广告代言人的产品,这类产品会更加容易让实体店接受。

以上这些都是去谈实体店的时候会遇到的问题。在实际洽谈合作的过程中,遇到的问题可能还会有更多,但这也不能代表就不能合作了。我们只有把情况分析清楚了,才能准确抓住进驻实体店的机会。

4）与化妆品实体店合作的一个方法——美容院的AB法则

第一步,找朋友去美容院,去咨询价格和产品。这是为了更好地了解他们,做到知己知彼。当问到产品的时候,可以问一下:老板,这里有没有某某品牌的产品啊,听朋友说这个产品挺不错(这样就巧妙地把你在做的产品引入谈话当中)。当然,老板肯定会说,哦,这个没有。这时候就可以说:那这样子吧,我考虑一下。然后,华丽地走人。

第二步,过几天,再找一个朋友,用同样的方法再去试一下。

第三步,在隔大概一到两周的时间再找朋友去试一下。这时,老板肯定对你在做的这个品牌非常的有印象,因为这段时间已经有几个人在问这里有没有这个品牌的产品了。

最后一步也是关键性的,需要在美容院消费一下。因为人都是有防范意识的,你在美容院消费了,美容院老板就不会起疑心。经过几次之后,你可以先送给美容院老板用一下你在做的产品,只要你在做的产品得到美容院老板的认可,美容院老板就会同意在店铺里面先放货。这样,你在做的产品就进驻到美容院了。这就是进驻美容院的AB法则。

5）与实体店铺谈合作的细节

与实体店谈合作要注意以下几个细节:

第一是开场要产生认同感(信任感)。任何有准备的微商,在与实体店老板交谈前,就要将对方的基本情况了解清楚,可以从自己对专业知识的了解方面提出一些专业的话题,和对方进行讨论,谈话的话题要一致。

第二是沟通要寻找切入点。尽量使用开放式的提问方式,减少简单的问答方式,让对方能多说话,对你敞开心扉,对当前存在的问题或是瓶颈产生抱怨等一些话题。比如,可以用一下话题来展开:第一个话题:现在微商越来越多了,实体店很难做了;第二个话题:门面费用,每年都在涨,压力越来越大了;第三个话题:物价上涨,什么都贵,钱越来越难赚了。

第三是实时穿插产品卖点。做好了前面两点以后,就可以实时地穿插产品的一些卖点。你可以说明公司的支持力度、培训力度等等,可以介绍你做的产品的一些销售模式等,让对方有意愿了解你做的产品,并且产生兴趣。

第四是用表情语言增加好感。在谈话的时候,面部的表情是很关键的,要以认真的态度去谈。不能在实体店的老板与你谈话的时候心不在焉。如果你对他的话题漫不经心,或者一直没有找到适合的切入点,没有找到话题,你就会显得心不在焉。人人都是需要被尊重的,人人都喜欢被别人赞美,所以可以在谈话中适当地赞美对方。

第五是阐述活动策划的方案。这是在实体店同意与你合作以后需要进行的步骤。你要学会站在实体店的角度去思考问题,把适合做的活动的事情先做好预测,比如,做促销方案、设计代金券等。

注意以上的五点细节,在合作方案谈好后,就可以开展合作了。合作可以有以下三种方式:

第一种是直接拿货,直接做代理,拿产品去卖货。

第二种是铺货,在那些你比较熟悉的或者朋友的店,是可以铺货的,可以发售品牌及相对应的一些产品。给一个期限,比如一个星期,你协助他做好店面的广告,跟他谈招代理的优势等。因为是实体店,其新老客户比较多,所以招代理会很快。我们要抓住每一个可能成交的机会。

第三种是采用利润分成的方式。是否适合采用这种方式主要依据实体店实际情况来把握。

要知道,任何行业都承载着二八定律,就是社会上百分之二十的人占有了百分之八十的社会财富。没有无缘无故的零风险投资,做与不做仅仅是你基于未来期望的个人的选择。另外,全国百分之七十到百分之八十的货都在经销商的手上,没有真正地到消费者手上。要研究这个问题,可以从一个故事中得到启示,这个故事就是营销经典案例——如何把梳子卖给和尚。

营销经典案例——如何把梳子卖给和尚

从前,有两名推销梳子的推销员,姑且称他们为张三和李四吧。他们每天走街串巷,到处推销梳子。有一天,二人结伴外出,无意中经过一处寺院。望着人来人往的寺院,张三大失所望,"唉,怎么会跑到这个鬼地方,这里全是一群……哪有和尚会买梳子呢?"于是张三打道回府。(点评:轻易放弃推销机会是普通推销员经常犯的错误)

刚刚看到寺院的招牌,李四本来也是心内一凉,非常失望,但长期以来形成的职业习惯和不断挑战自我的精神又告诉自己:"既来之,则安之,不行动怎么会有结果呢?事在人为嘛!"(点评:对同样的一枝玫瑰花,悲观者看到的是刺,乐观者看到的是花。不同心态与心智模式会导致不同的结果与命运。而推销高手必备的基本心态就是积极的心态,即使只有一线希望,也要全力以赴去争取)于是,李四径直走进了寺院,待见到方丈时心内已想好了沟通的切入点。(点评:反应迅速,行动敏捷)

见面施礼后,李四先声夺人地问道:"方丈,您身为寺院主持,可知做了一件对佛大不敬的事情吗?"(点评:摸准沟通对象的心理特点,可以尽快找准切入点,迅速引起对方的注意和好奇)

方丈一听,满脸诧异,诚惶诚恐地问道:"敢问施主,老衲有何过失"?

"每天如此多的善男信女风尘仆仆,长途跋涉而来,只为拜佛求愿。但他们大多满脸污垢,披头散发,如此拜佛,实为对佛之大不敬。而您身为寺院主持,却对此视而不见,难道没有失礼吗?"(点评:针对老和尚宽容仁和的品质,讲话语气略重,并无不妥,反而会引起对方的充分重视)

方丈一听,顿时惭愧万分,"阿弥陀佛,请问施主有何高见?"(点评:客户主动询问解决方案时,就表明客户已经很好地介入了销售环节,此时就是销售的良机)

"方丈勿急,此乃小事一桩,待香客们赶至贵院,只需您安排盥洗间一处,备上几把梳子,令香客们梳洗完毕,干干净净、利利索索拜佛即可!"李四答道。(点评:合理的解决方案可以让对方紧张的情绪得到放松、购买的欲望得以提升)

"多谢施主高见,老衲明日安排人下山购梳。"(点评:成功的推销应该让客户感觉购买决定是自己做出的,而非外人强加的)

"不用如此麻烦,方丈,区区在下已为您备好了一批梳子,低价给您,也算是我对佛尽些心意吧!"(点评:成交绿灯闪现,立刻顺水推舟,很快进入合作签约主题)

经商讨,李四以每把3元的价格卖给了老和尚十把梳子。

李四满头大汗地返回住所，恰巧让张三看到，"嗨，李四，和尚们买梳子了吗？"张三调侃道。

"买了，不过不多，仅仅十把而已。"

"什么？十把梳子？卖给了和尚？"张三瞪大了眼睛，张开的嘴巴久久不能合拢。"这怎么可能呢？和尚也会买梳子？向和尚推销梳子不挨顿揍就阿弥陀佛了，怎么可能会成功呢？"（成功者找方法，失败者找借口）

于是李四一五一十地将推销过程告诉了张三。听完以后，张三顿觉恍然，"原来如此，自愧不如啊，佩服佩服！"嘴上一边说，心里一边想："为什么我会放弃这个好机会呢？老和尚真是慷慨啊，一下子就买十把梳子，还有没有机会让他们买更多的、价格更高的梳子呢？"（点评：摔倒爬起来抓把沙，推销员不怕犯错，只要能从失败中吸取教训，学到东西）张三脑筋一转，计上心来。（点评：多动脑筋，少走弯路）当天晚上张三便与梳子店老板商量，连夜赶制了100把梳子，并在每把梳子上都画了一个憨态可掬的小和尚，并署上了寺院的名字。（点评：个性化的新产品会引起客户更多的需求，带来更多的销售机会）

第二天一早，张三带着这100把特制梳子来到了寺院，找到方丈后，深施一礼，"方丈，您是否想过振兴佛门，让我们的寺院名声远播、香火更盛呢？"（点评：新的切入点，仍然围绕客户的心理做文章）

"阿弥陀佛，当然愿意，不知施主有何高见？"

"据在下调查，本地方圆百里以内共有五处寺庙，每处寺庙均有良好服务，竞争激烈啊！像您昨天所安排的香客梳洗服务，别的寺庙早在两个月前就有了。要想让香火更盛，名声更大，我们还要为香客多做一些别人没做的事情啊！"（点评：从竞争角度入手，更易令客户产生更浓兴趣）

"请问施主，我院还能为香客们多做些什么呢？"

"方丈，香客们来也匆匆，去也匆匆，如果能让他们空手而来，有获而走，岂不妙哉？"

"阿弥陀佛，本寺又有何物可赠呢？"

"方丈，在下为贵院量身定做了100把精致工艺梳，每把梳子上均有贵院字号，并画可爱小和尚一位。拜佛香客中不乏达官显贵、豪绅名流，临别以梳子一把相赠，一来高僧赠梳，别有深意，二来他们获得此极具纪念价值的工艺梳，更感寺院服务之细微，如此口碑相传，很快可让贵院名声远播，更会有人慕名求梳，香火岂不愈来愈盛呢？"

方丈听后，频频点头，张三遂以每把5元的价格卖给方丈100把梳子。（点评：更多产品，更高价格，用心就可以将事情做得更好）

张三大功告成,兴冲冲地回来与李四炫耀自己的成功推销。李四听完,默不作声,悄悄离开。(点评:有启发,有思考,就有更好的结局)

当晚李四与梳子店老板密谈。一个月后的某天清晨,李四携1 000把梳子拜见方丈,双方施礼后,李四首先问了方丈原来购买张三梳子的赠送情况,看到方丈对以往合作非常满意,便话锋一转,深施一礼,"方丈,在下今天要帮您做一件功德无量的大好事!"(点评:切入点升级,以求引起对方更高兴致)

待方丈询问原因,李四将自己的宏伟蓝图向方丈描绘:寺院年久失修,诸多佛像已破旧不堪。重修寺院、重塑佛像金身已成为方丈终生夙愿,然则无钱难以铭志,如何让寺院在方丈有生之年获得大笔资助呢?李四拿出自己的1 000把梳子,分成了二组,其中一组梳子写有"功德梳",另一组写有"智慧梳"。比起以前方丈所买的梳子,这些梳子更显精致大方。李四对方丈建议,在寺院大堂内贴如下告示:"凡来本院香客,如捐助10元善款,可获高僧施法的智慧梳一把,天天梳理头发,智慧源源不断;如捐助20元善款,可获方丈亲自施法的功德梳一把,一旦拥有,功德常在,一生平安等等。"如此一来,按每天3 000香客计算,若有1 000人购智慧梳,1 000人购功德梳,每天可得善款约3万元,扣除梳子每把8元的成本,可净余善款1.4万元,如此算来,每月即可筹得善款四十多万元。不出一年,梦想即可成真,岂不功德无量?(点评:必要时的数字与逻辑说明,会更具说服力)

李四讲得兴致勃勃,方丈听得心花怒放,二人一拍即合,当即购下1 000把梳子,并签订了长期供货协议。如此一来,寺院成了李四的超级专卖店。(点评:以客户需求为导向,紧紧抓住客户的消费心理,大胆设想,小心求证,逐步引导,最终实现目标)

【国芷源点评】企业苦苦寻找的不正是此种推销高手与销售精英吗?人才交流中心公布的数据显示,几乎每次招聘会都是僧多粥少,尤其是这几年大学扩招后的毕业生就业竞争更为剧烈。但是,奇怪的是,一方面很多人失业,找不到合适工作;另一方面,企业又在为招不到合适的人员,尤其是为招不到合适的销售、业务人员而苦恼。原因很多,不一而足。但其中有一个非常重要的原因,那就是国内教育模式的种种弊病,导致了所谓的人才,尤其是刚毕业的大学生,其所知所学根本满足不了市场的实际化需求。对于销售人员的培养,大学内的课程、师资都与社会脱节太多。要解决这一问题,一方面,作为应聘者要为自己正确定位,并积极寻找机会充电培训,不断充实提高自己。正如没有人生下来就是冠军一样,也没有人生下来就是推销高手,推销高手也是经过专业化培训训练出来的。另一方面,用人单位招聘后也要对员工进行正规的岗前培训。对业务人员来说,其工作内容涉及公关、礼仪、沟通、谈判、心理学等诸多领域,想要不经培训就能创造出优秀业绩,无异于缘木求鱼。

一件商品是否能成为销售的终端与产品的发展、产品的选择、销售人员个人的能力和时机运气等都有关系。卖不出去产品,可能是因为一开始就选择错了产品,或者因为是个人能力不足等。但是我们要知道,毕竟还有一个二八定律摆在那里,我们应该先在自身的身上找原因。抱怨、找借口都无法改变个人的命运。

4.3 微商案例

• 微商成功案例助你一窥微商未来

近年来,微商着实火了一把,各种以此为基础的品牌商也得到快速发展。微商从业者也经历着市场发展带来的影响。笔者通过网络,收集整理出2014年前后微商八大事件、2018年微商九大事件,希望能帮帮助微商业者从这几件大事件中一窥微商未来。

1) 2014年前后微商八大事件

(1) 俏十岁:一夜爆红的微信电商品牌

2013年年初,俏十岁正式进入市场,第一个月的销售额不到1万,第二个月也仅仅2万左右。一年之后俏十岁的销售额就已过亿。这一火箭般的成长速度让外界十分震惊。俏十岁原本只是打算将长期堆积的存货通过微信免费赠送给周围的朋友,没想到在朋友圈却引起多米诺骨牌效应式的裂变。随之而红的微商像神曲《小苹果》一般,迅速在朋友圈传播开来。

(2) 思埠:明星效应的后起之秀

思埠成立于2014年3月13日,成立之初的注册资本仅50万元,启动资金15万。经过8个月的发展,其注册资本跃升为1亿元。靠微商发家的思埠,通过一种品类(面膜),跟准了一个好时机(移动端的迅速崛起),再运用传统日化的市场推广手法和会议营销的方式,抢占了微商发展的先机。思埠用一年时间走了很多企业十年的路,思埠在2014年经历了爆发式的增长。在2014年12月15日,思埠的黛莱美BB霜上市当天,回款金额达三千万元。其在2014年10月18日,拿下央视春晚倒计时广告。

(3) 韩束:微商创业者的中国梦

3个月销售过亿,也许在我们看来这只是一个梦,然而这却成了事实。自2014

年上线以来,在短短数月,韩束的全国加盟代理商突破两万名,继先后成为电视购物渠道、互联网电商渠道的化妆品业 NO.1 之后,韩束再次成为微商市场的化妆品行业先行者。2014 年 12 月 8 日,韩束隆重举办万人发布暨群星演唱会,郭采洁与鹿晗同台牵手倾情为韩束品牌代言,只为见证明巨星品牌的实力。韩束的闯入,似乎昭示着微商又迈上了一个新的台阶。

(4)百雀羚:千商大战,一触即发

拥有八十多年的安全护肤经验的百雀羚 2015 年全面进军微商渠道。2015 年,2.6 亿重磅投入第四季"中国好声音",2.1 亿与湖南卫视"快乐大本营"达成赞助合作。百雀羚持续践行大品牌传播战略,屡夺黄金综艺节目资源,欲借助强大的娱乐营销手段推高品牌声量。在 2015 年,百雀羚全年广告投入已超 6 亿,并完成百大线上网络媒体的布局,网络投放总额达 6 个亿。百雀羚的强势进入想必又会掀起护肤品微商热的又一轮高潮。

(5)口袋购物:任性,3.5 亿只为更多的试错

口袋购物上线 9 个月,1285 万商家、11 亿 SKU 的交易量,还顺利地拿到了 3.5 亿美元的融资,这对于一个成立仅几个月的公司来说,堪称奇迹。要知道以货品齐全著称的淘宝也不过 16 亿 SKU。而其创始人王珂却低调地宣传:"融钱对我来说唯一的好处就是可以有更多的试错机会,仅此而已。"2014 年 1 月口袋购物正式上线了买家交易平台"微店",就像野火一般引爆了整个微商界。

(6)微盟 SDP:移动互联网进入人人电商时代

1 月 5 日在"Weimob Day 广州站暨首届微盟微商论坛"上,微信第三方最大的服务商微盟创始人兼 CEO 孙涛勇在作"小微商大未来"的演讲时表示:"2015 年将是微商元年,微商将以'直销模式+信任经济+分享经济'的全新商业模式进入 3.0 时代,SDP 社会化分销将会是微商的未来。"在孙涛勇看来,自微商诞生以来,人们对其就一直褒贬不一,有质疑,也有叫好。然而,已有一批先行者通过微商完成了 10 亿的年销售额。新鲜的事物总是遵循着马云所说的"看不见,看不懂,看不起,来不及"的定律,创新总是来自前沿和边缘。

(7)月入十万,是确有此事还是欲盖弥彰

如果你关注微商的话,你会经常在朋友圈或门户网站上看到这样的诱人新闻:某某 90 后女生卖面膜月入上万;某销售总监辞职在朋友圈做起了代购,月入十万,等等。然而在一串串华丽数字的背后,却隐藏着不为世人所知的秘密。一篇《揭秘朋友圈微商是如何"月入上万"的》的文章扒掉了不计其数的微商人的底裤,无下限、无节操的刷图软件、刷钱 App、鸡汤语录频出。在潮汐退去的背后,我们看到的是一群人在裸游。

(8) 火爆后的朋友圈代理是营销还是传销

知名自媒体人龚文祥透露:"微信朋友圈微商以家庭妇女为主,80%是卖面膜的。"这些卖面膜的微商很大一部分以发展代理为目标,以囤货为发展动力,层层分销,级级压货。朋友圈微商准入的门槛低,熟人容易传播,监管处于真空状态,所以很多微商肆无忌惮。与此同时,微商是朋友圈营销还是朋友圈传销引起了大家的广泛争议,如何避免传销这个问题? 如今很多微商切入女性护肤品、化妆品市场,这将是微商最糟糕的时代,因为微商产品同质化越来越严重;但这也是一个蕴含着许多创业机遇的时代,因为创业的门槛越来越低,机会越来越多,成功的可能性越来越大。在微商市场领域,还有男性市场与一些垂直细分领域的微商市场有待发掘,不要将目光仅仅局限于女性市场。

【以上案例由国芷源通过 http://xue.ecduo.cn/article-37697.html 整理而来】

2) 2018年微商九大事件

(1) 微商立法,迈向合规化

2018年8月31日通过的《电子商务法》将于2019年1月1日起正式施行。微商作为中国的电子商务的范畴,终于有了合法的身份,国家第一次承认微商是一个合法行业。微商存在了五年,但此前国家一直都未承认它是一个行业,也未承认它是合法的。微商获得合法身份应该是一件很值得骄傲自豪的事情。

(2) 社群微商获得资本的青睐

2018年的下半年,社群加微商的模式,已经获得了30亿元的投资。

(3) 平台微商平分天下

平台微商很火,这也是2018年微商的一个趋势,或者说是一个很大的事件。红杉资本的一个副总裁透露,他们每年投资的几百个企业,其中有50%,实际上是用微商模式做的。

(4) TST公布审计最合规

TST是中国第一大微商。根据TST公布的财报,TST在2018年回款60亿元,一年利润20亿元。在上海黄浦区的政府网站上可以看到,在整个上海,TST交税是排名第二的。排名第一是顺丰。排名第二的TST交税九个亿,给行业树立了一个规范。TST在不到两年的时间里,就超过了拥有100年历史的资生堂。微商成为中国目前最赚钱、盈利最多的行业之一。

(5) 权健受挫微商进入窗口期

权健事件是2018年年末最大的事件。这个事件给我们一个启示:在微商发展的窗口期,微商幸好是一个被我们称为草根的行业,主流媒体不关注它,这反而给微商留出了两三年的发展期,让我们可以好好地去做。

(6) 京东唯品会布局新微商

京东的社交总经理赵总说,他们以后只重点做社交电商,其他的新项目通通都不做,在 2019 年只做社交电商这一件事情。

(7) 淘宝系来做微商

这个也是 2018 年的一个大事件。实际上应该说,淘宝系里所有的做得大的,几乎百分之百都在做微商,没有一家不来做。这里有一个显而易见的数据:淘宝只有五亿用户,而微信有十亿用户。商家更需要通过微信来交融,然后产生销售。

(8) 产品微商受挫,平台微商兴起

产品微商,如腾讯投资的微店,这类社交电商模式的微店基本上都倒闭了;而以人为中心的模式,反而获得成功了。至少目前的状况是这样的:只要做微商,凡是以产品为中心的,都是做不下去的,微店就是一个典型的例子。

(9) 微商产业规模扩张

在 2018 年,微商有 5 000 万从业者,创造了 7 000 亿的市场规模。根据最新查到的数据,国家工商总局副局长说 2019 年微商要达到 1 万个亿的规模。1 万个亿是什么规模?淘宝的市场规模才 5 万亿。但是我们微商 2019 年的市场规模要增加到 1 万个亿,这是 2018 年最大的一个好消息。

【以上案例由国芷源通过 http://www.sohu.com/a/292027598_178912 整理而来】

• 微商成功典型案例

2014 年,思埠在短短 8 个月的时间里通过微信完成了一次"逆袭"。从最早公司只有 3 个人、只有一间不足 10 平方米的小车库,到现在拥有思埠大楼、拥有全国以百万计的代理团队,在 2014 年,思埠创造了微商奇迹,其年销售额达到了 20 亿元。

2014 年,思埠已经成为国内顶尖的微商企业之一,思埠的面膜通过网络、微信销售创造了"奇迹"。思埠为何能做得这么成功呢?笔者认为原因有以下几点:

(1) 当微商这个新生事物诞生时,大部分人抱着怀疑、观望的态度,这时思埠已经开始着手做了,思埠走在了微商时代的前沿。思埠抓住了微商的最早的红利期,抢占了微商的先机,使思埠成为微商最大的品牌。思埠早期抓住了一批渴望创业的年轻人、大学生等,思埠给草根创业者带来了很多的机遇和财富,帮助了他人也成就了自己。

(2) 思埠集团的主要创办人吴召国之前在做电商时,就对自媒体、微博、微信这类领域有所探索,摸索出了一套微商运营模式。在思埠拥有了这类领域的基础之后,快速进入并抢占了微商市场。由此可见,有一个懂微商玩法的领头人是非常重要的,他能够把握方向,带大家前进。

(3) 思埠的团队化运作早。在思埠进行团队化运作的时候,其他一些品牌还没意识到团队化运作的重要性,还处于单打独斗的零售阶段。

(4) 思埠团队具有"拼命"的精神。思埠的整个发展都离不开团队的努力。吴召国说他和他的团队每天都要工作近 20 个小时。正是用这种"拼命"的精神,帮助思埠得以梦想成真。

【以上案例由国芷源收集整理于《2017 年中国互联网大会 5 大案例》】

• 2017 年走出困境,成功逆袭的 10 大微商团队案例解析

2017 年,有无数个号称"万人军团"的微商团队在一夜之间倒下,微商行业的市场竞争的激烈程度前所未有。即便在这样的环境下,每个月仍有几百个新品推出,也有不少团队,从边缘处突破,在几乎所有人都不看好的情况下崛起。是什么原因造就了这些微信团队的成功呢?笔者通过网络收集整理出 2017 年完成困境逆袭的十大微商团队故事(所有故事均采用自述的形式),希望通过分析他们的成功案例,给从事微信创业的人一些启示。

1) 和润国际团队

我是和润国际创始人曹苗苗。进入 2017 年以后,我们和润国际团队底部动销遇到了瓶颈,导致团队整体积极性下滑,团队缺乏凝聚力。遇到这个问题之后,我们尝试了许多方法,都没能解决问题。正在大家发愁的时候,我们接触到了微商公社。2017 年 8 月底,我们和润国际和微商公社商学院签约了线上内训的搭建。这次合作的结果,超出了我们的预期!微商公社帮我们做了第一期新兵连内训,同时植入了 5 天的卖货游戏系统。线上 5 天时间,有 178 名代理参与,完成了零售业绩 530 万。当月流水额从 5 000 万,翻升至 9 000 万!

2) 付爱宝团队

我是付爱宝的创始人夏宝平。由于付爱宝在过去两年发展比较快,现在的团队基数比较大,成员比较多,很难进行系统化统一管理。我们意识到,自己缺乏专业化和系统化培训体系,亟需加强培训。之后,我们在微商行业的培训机构中,挑选出 10 个培训企业进行深入的了解和对比,最终选中了微商公社商学院。原因很简单,微商公社商学院的培训理念是最符合微商健康发展的。2017 年 2 月,我们签订了年度战略合作协议。经过线上第 1 期的新兵连培训,加上卖货游戏系统,线上 5 天的时间,232 名代理参与,完成了零售业绩 2 万单,销售额达 200 万。第二次线上卖货游戏,300 名代理参与,5 天的零售完成了 360 万的业绩,年度总业绩提升了 150%。

3) 初感团队

我是初感团队创始人王俞。进入 2017 年之后,我遇到的问题是:由于品牌团

队发展得太快和管理经验欠缺,初感团队有一些管理方面的问题。我开始意识到,不能没有章法地乱打,在后微商时代,吹牛已成为过去。作为品牌方,我们必须要有专业化和系统化的代理培训模式,必须能够带着代理们共同成长。2017年9月份,经过朋友的推荐,我们结识了微商公社商学院的导师们,并与微商公社商学院签署了战略合作协议,搭建了自己的商学院体系。第一期的线下内训,3天2夜两夜的时间,我们有210个代理参加。在课程结束后一个多月的时间里,我们的代理的人数增加了20 600多人,升级代理达到3 200多人。

4) 初灵团队

我是初灵品牌创始人逍遥哥。我们初灵最早是一家做电商的企业,也算是化妆品类的电商巨头。现在初灵正在开拓微商渠道。在开拓微商渠道的过程中,进新代理的速度不是太理想。偶然的机会,朋友推荐了微商公社,我就报名参加了微商公社在广州举办的总裁赢和招商赢。在课程结束之后,我和微商公社商学院专业的辅导老师进行了一对一的沟通。在老师专业的辅导下,我们举办了一次线上公开课,20个代理邀约了200多人,几乎在零成本的前提下,最终成功转化了161个新代理,线上群里的转化率达到80%以上。

5) 可乐熊团队

我是可乐熊的创始人金子,也是团队复制第十期学员。我在2017年遇到的问题是:我们品牌团队的裂变非常缓慢,代理没有积极性。我也想了很多,找问题的原因,后来也尝试了很多方法,结果都不太理想。在参加了一期团队复制总裁赢之后,微商公社专业指导老师对我进行了一对一辅导,我立刻开展了线上动销活动,带动了140多代理,做到了100%出单。2017年10月份,在广州招商赢课程结束后,我做了一次线上招商,转化率达到50%以上,成交131个代理;最近又做了一次线上招商,在4天的时间里招新代理2 241人。

6) 索菲亚团队

我是索菲亚团队创始人雪儿,团队复制总裁赢第六期学员,薇薇传奇创始人,也是一名从业4年多的老微商。进入2017年之后,我遇到的问题是:团队老代理没有积极性,不知道怎么激活;团队发展遇到瓶颈。参加了微商公社商学院第六期团队复制总裁赢之后,我立刻使用课程里讲的方法,在课程进行的当天,1 500个代理激活了1 100位。当月的业绩翻了5倍。课程结束后,我回去立刻落地,做了一场连续两天的活动,收了1 300个代理,三天回款1 200万。

7) 王冲天团队

我是王冲天。在报名团队复制课程之前,我的团队只有300多人,苦于不知道怎么快速地裂变团队,即使代理进来,也不会用系统的方法培训代理。后来有朋友推荐微商公社团队复制总裁赢的课程,我听了之后觉得很靠谱,就去试了试。参加了微商公社商学院第六期团队复制总裁赢的课程之后,我利用团队复制六大系统中的三维创建系统,用了一个月的时间,团队从 300 人裂变了 20 多倍,达到了 8 000 多人!代理进来之后,我又把团队复制的其他的五大系统全部运用起来。现在我的团队业绩做到了在石家庄所有团队中名列前茅,并且成为石家庄的培训总教头。

8) 好货必抢货平台创始人凌 sir

我是好货必抢货平台创始人凌 sir,是一名微商纯小白。我的品牌刚刚起盘,全部的代理仅 100 多人。我遇到的问题是:没有团队,没有方向,也没有方法。经过朋友的推荐,我参加了微商公社商学院第十期团队复制总裁赢的课程。在学习了团队复制后,在一周的时间内,代理从 100 人裂变到 1 000 人。最核心的关键词是将系统贯彻到整个团队。这个成绩出来后,自己都被吓到了,感觉微商真是太神奇了。

9) 舒克兰亚麻籽油

我是舒克兰亚麻籽油创始人玛丽亚。我们是由传统行业转型的微商,是由几个纯小白组成的团队。在起盘之间,经过多方考察,我们找到了茶道长顾问团来辅导我们起盘。在确定了产品和招商政策之后,茶道长推荐我们 4 个创始人一起参加第六期的团队复制总裁赢课程。在课程结束后,我们运用团队复制课程里的三维创建中的招商系统,在首场线上招商会就成功招募代理 68 名、高级别合伙人近 100 人,回款 200 万元。一周之后,第一批代理首次拿的货几乎全部售罄,大家对我们的产品和模式给予了一致好评。很快,我们就收到了补货回款 152 万元。在第一轮招商结束之后,我们又开展了第二轮招商活动。通过两次招商活动,我们招募了 300 多代理。

10) 贝因美

我是贝因美微商项目创始人萍姐。由于今年要推新品,在新品上市之前,我们担心老代理激活问题、裂变问题以及积极性的问题,因此我们找到了茶道长顾问团做战略规划和起盘咨询辅导。在制定了新品起盘的政策和模式打法之后,茶道长推荐我们参加了微商公社商学院第八期团队复制总裁赢课程。在课程结束后,我们立即结合我们的招商政策和课程中的培训体系,做了线上新兵连内训环节,完全激活了代理们的活跃度,借助团队招商裂变的系统,我们通过一场线上活动,实现精准引流两万人,起盘 8 天,回款业绩超过 1 000 万元。

【以上案例由国芷源通过 http://www.aisojie.com/thread-387060-1-1.html 整理而来】

【国芷源点评】如果你的营销团队在发展的过程中也遇到了"团队凝聚力差"的问题,不知道如何应对即将到来的"团队流失"问题,建议可参加微商公社举办的中国微商共享内训。微商公社商学院的课程专门为团队解决凝聚力打造的问题,促进了微商行业更好的发展。

● 做微商创业成功的故事案例分享

随着移动互联网逐渐渗透我们的生活,微商这个行业也应运而生。越来越多的人在微商这个领域成功创业。笔者通过互联网收集整理出做微商创业成功的案例,希望对大家从事微商创业有所启示。

1) 微商创业成功的案例之一

永州85后湘妹子微信卖自制芝士条创业,月销售40万

陈小鹿,85后的湖南永州妹子,剪着干练的短发,做过7年的化妆师,曾经为许多主持人和明星做造型化妆工作,平均月入7 000元,过着小资而平静的生活。然而,2014年初,在家养病期间,她不经意在微信朋友圈晒出的自制美食——烘焙芝士条,竟改变了她的人生:从化妆师变身为美食经营者,她的芝士条风靡了整个长沙,并创造了7天通过朋友圈销售收入15万的记录,月销售额高达40万。

经过近一年半的经营,她的吃货粉丝累计近8 000人,发展了20多个代理商,代理商的月利润少则两千元,高则达4万元。

每月只卖7天的芝士条火爆"朋友圈"

见到陈小鹿时,她正拿着两台手机不停地在微信上忙碌,她说:"因为现在正是我们家芝士条接订单的时期,早上7点半起床,打包发货到中午12点,下午就一直接单、回复微信,都要弄到凌晨三点。"外界都说微商是躺在家里刷刷朋友圈就轻松把钱挣了,陈小鹿笑言:"确实是这样的,可背后的辛苦只有身边的人才知道。"

刚起步时,她自己一个人在家,所有的事情都需要亲力亲为,常常通宵熬夜为朋友们赶制芝士条,身体吃不消。她说不想拖欠着朋友,接单了就想让他们第一时间收到芝士条。为了保证芝士条的口感,她规定一个月只接单七天。陈小鹿在不接单的时间也没闲着,通常都是在研究和测试新产品、培训代理。

为了试味芝士条,她从94斤吃到了120斤

芝士,又称奶酪,是牛奶经浓缩、发酵而成的奶制品,被誉为乳品中的"黄金",特别受女性喜欢。在陈小鹿看来,只有不断研发和测试,新品才能成功推向市场。从小就热爱美食的她，曾为了试味芝士条从94斤吃到了120斤。虽然现在她瘦回来了，但是还是忍不住试味。她说她天生有一颗吃货的心，平时常常和朋友天南地北去挖掘好吃的餐厅，尝试各式各样的烘焙。长沙哪家烘焙店出了新品，她一定会买回来试味，这样可以碰撞出更多新品灵感。

说起美食秘诀，陈小鹿说，和市面上普通的芝士条不同，她烘焙的芝士条，原材料都是进口的、新鲜的，比如法国kiri的奶酪、铁塔的淡奶油，这些原材料做出来的芝士口感明显不同。目前她的芝士条共推出了三种口味，分别是香草、奥利奥和榴梿坨。

400人争做代理，她只选了20个

陈小鹿一个人完全忙不过来，她想到了发展代理的方式。她在她家附近小区租了一套房子，简单装修了一番，聘请了9个阿姨帮忙，并发展微商代理。

"当我发朋友圈说招收代理时，报名的有400多人，我在这些人里面选了20多人，她们大多是银行工作者、老师、医生，成为我的代理就算是我的合伙人，我会提供专门的销售培训。在入伙之前，代理需要交一万元押金，如果代理不愿意干了，会退还押金。我们实行末位淘汰制，一个月至少得卖出50盒。曾有一个从来没有任何微商经验的代理，在7天时间挣到了4万，我都觉得很吃惊。"陈小鹿说，目前她的粉丝发散至全国多个省市。由于芝士条最好冷冻，可采用泡沫板加冰块保温发顺丰快递，在长沙市内有跑跑小哥。"以前我一个人单干的时候，芝士条价格是98元/盒，榴梿坨是128元/盒。现在工作室做起来了，成本也提高了很多，但是原料我一直坚持用最好的，价格也不变，我也不会让我的代理随意更改价格，我想让顾客感受到即使品牌做大了还是和以前一样的纯粹，就像是吃到朋友手工做的芝士条一样。"她说没想过开实体店，"因为既然选择了发展代理的营销方式就得对代理们负责，也许以后会开一个体验店，但不售卖、不盈利。"

化妆师从小就是创业达人

大学专业主修室内装修设计，使陈小鹿对审美有一定的认知。她认为美的东西都有互通性，从室内设计到化妆师只是改变了美的承载体。陈小鹿做化妆师时大概平均月入7 000元，7年间结识了许多爱美的女性，这些人为她的创业提供了许多帮助。

事实上，朋友圈卖芝士条已经不是小鹿的第一次创业了，她在14岁的时候就曾经拉起推车卖羊肉串。"当时暑假在老家的超市门口摆摊，自

己当厨子学着烤羊肉串,当然是以失败告终。在大学期间,坐火车去广东进些耳环等首饰,然后放在淘宝上卖,行情不错,挣到了自己的学费。因为自己后来做了化妆师,所以就在淘宝上卖那种找工厂加工的化妆品,还曾出过化妆攻略,甚至还有人找我来出书。后来我自己开了化妆培训学校,陆续共收了 2 000 多个学员。"陈小鹿笑言道,都说葡萄酒与芝士绝配,说不定以后还会去酒行业摸索。

因为创业遇到了失联多年的挚友

每个女性创业者在创业途中都会遇到各种各样的困难。"困难最初是在一个人单干的时候体力不支持,完成不了那么多订单量。如今工作室开起来了,管理就成为一个难题。不同的阶段有不同的问题,这也是挑战的乐趣。"陈小鹿说自己一直挺幸运的,不管是顾客还是身边的朋友都很支持她,平时过年过节都能收到很多礼物,都是微信上的顾客寄过来的。"我有一个特别好的朋友,失去联系很多年。因为没有她的电话,我有试着通过社交网络,微博、人人网等去找她,都没有找到。后来有听说她出国了,就没有再找她了。突然有一天,她加我微信,找我买芝士条。绕了地球一大圈,最后我们竟然以这样的方式再见面,原来她现在也在长沙。"

【以上案例由国芷源通过 https://www.kuaidu.com.cn/article/150224.html **整理而来】**

2) 微商创业成功的案例之二

申雨鑫,湖南邵东人,小学文化,14 岁出外打工,做过保姆,干过工地活,开过理发店,打工路上屡次不顺。2005 年她以 6 000 元起家,创办了申鑫振动棒加工厂,创业历尽磨难,但她并没有气馁,咬牙坚持。

在不到三年的时间,销售业绩由当初的 80 万元提高到了现在的 600 多万元。她的传奇创业故事感动了许多人。上百个代理商主动找上她,要做她的产品代理。在 2008 年第五届全球网商大会上,她获得了内贸 30 强。她的成功无疑是她努力的结果。她常说:"我以前的经历是我这辈子最大的财富。"下面让我们一起倾听申雨鑫的讲述。

苦命的童年

我就出生在一个很苦的家庭,父亲是个残疾人,他只有三根手指头。大姐大我八岁,二姐大我两岁,弟弟比我小六岁。从小,我家就受到村里人的欺负。那时家里穷,每天经常为了吃饭的问题而发愁。想想那些日子,当时不知是怎么熬过来的。有一天,我从外面回来,听到父亲和母亲正在商量说要把我送给远房的舅舅收养。第二天,我哭着喊着被舅舅抱走了。就在我抱走的那一瞬间,父亲老泪纵横,不敢看我,转头就进了房。

14岁开始外出打工

在我14岁那年,亲戚带我去外面打工。我在工地挑过灰浆。那种活太苦了,肩膀经常肿起来,一个月下来才几十块钱。这样的工作不适合女孩子。在15岁那年,我去桂林打工,开始给人家做小保姆。那个主人家里开了一家发廊,所以有空的时候我就会学着洗头发。慢慢地,老板看我做得很好,就让我做洗头工。我不怎么喜欢剪头发这行,但我清楚地知道,在这个社会,没有手艺想生存很困难。我逼着自己学,看师傅怎样操作。我有时候会跑到老乡工地上给他们剪头发。几个月下来,我成了店里的得力助手。

终于决定自己创业了

2005年8月1号是申鑫振动棒公司成立的日子。我把自己累积的资金全部投入了这次创业中。无论成功与否,我打算拼一把。

我们公司是在做组装,材料有了,但组装的技术要求确是很高的。如果技术不过关,做出的产品就不合格。我深知在这个行业,产品质量才是生存之本。如果没有好的质量,就很难得到客户的认可。一开始,技术都是我自己掌握的。产品多做一点,没有什么资金,产品书也没有。经常就是拿着价格表和名片出去,到附近的五金城里跑,到附近的城市跑。厂里很多事情都是我自己抓。

对于一个新厂来说,没有任何知名度,也没有资金给别人铺货,要发展下去,可想而知会难到什么地步。在价格和名气上,我们没有任何优势,只有一条路——直销,一家一家地跑。产品给客户试用,客户感觉好再付钱。很多客户开始都会持怀疑态度:你一个小女人的产品能好到哪里去。很多人在一开始就是试一下,拿几条样品给老客户用。用过的客户就告诉他们这个产品和以前用的不一样,力气很大,振水泥也比较快,时间也可以用得比较久。客户就一次比一次多进货。就这样,我们用质量打开了市场,我们的产品得到了客户的认可。

但问题又出现了。旁边店看到他们好卖,就经常打电话到我厂里要货。如果看眼前利益就会卖给他们,但是要看长远利益就不能卖。我们要保证老客户利益,毕竟是他们开始帮我们打开市场。我们厂到现在都一直保证在同一个市场区域内,我们产品的只给一家卖。除非老客户不卖我们产品了,才会再放一家。有了诚信,客户就没有后顾之忧了。代理商的需求量就越来越大,找上门的客户也越来越多,我们公司的销售额也在第一年突破了80万。

现在,我拥有了自己工厂,还有一批很好的员工。我们这里没有员工和老板之分,他们都当这里是自己的厂一样,不需要太多管束。我们都在一起吃饭,有时候一起逛街,就像一个大家庭。他们看到什么货不多,就知道每天应该做什么产品,需要赶货的时候会一起加班到很晚。我们这里不搞计件,都是包月算工资,到月底那天工资就会给他们。工资比一般的地方要高一些,但他们说就算工资和外面一样也愿意给我做。

我用自己以前打工的时候心情对待员工,在小事情上多关心他们。他们谁回家有事情,回厂那天,不管忙不忙都会放他一天假。因为我经常坐车,了解坐一天的车太想休息一天。我一个人女人也用不了多少钱,我的心也没有那么贪,对小事情我不喜欢计较,大家开心最好。有些事情他们比我还要担心,所有的员工,我都把他们当朋友。我们都在为一个目标而奋斗,因为这个目标和我们所有人的利益挂钩,大家都会去努力把这个事情做好。

要想做强做大,只有不断超越自己

2006年对我来说是个良好的开端。到了2007年,公司开始稳定发展,一切都步入正轨了。我们在保证老客户的同时,致力于发展新客户。为了长远发展,我们只能放弃眼前利益,一直坚持一个地区只要一家代理商的原则。这样做虽然发展比较慢,但是我们公司保护了代理商的利益,他们和我们达成了长期的合作,甚至有的代理商都自己出去跑市场。这或许就是我们坚持下来的结果。到了2008年,公司加入阿里巴巴并且成为阿里巴巴的诚信通会员,同时,公司开始走上了辉煌的旅程。

通过阿里巴巴这个平台,我们广发信息,充分利用阿里博客、论坛,也使用付费竞价排名,一举把生意做到了全国各地。在半年的时间里,销售业绩从100多万提升到了600万。这个结果是出乎我们意料的。我们在感谢自己努力的同时,更应该感谢阿里这个平台,是阿里把我们的市场推向了全国。目前,有上百个代理商主动找我们公司,要做我们的产品代理。在2008年第五届全球网商大会上,我们公司荣膺内贸30强。

我们公司从一点点做到现在的规模,就像一个小孩子长大一样。我的一点一滴的心血都没有白费。我用最真诚的心对待任何人,经过几年的经营,申鑫振动棒得到客户一致的好评。大家的认可是对我们最大的鼓舞,是我们最大的动力。我要把申鑫振动棒最大的利益让给消费者,质量就像我的生命一样重要。诚信是申鑫永远不变的宗旨,我要让高质量中档价格打开中国振动棒第一个大品牌,我会一直朝这个目标前进。

我经常听到客户说,用你的产品我很放心。只要新客户试用过一条振动棒,下次一定会成为我的老客户。从开始对我持有怀疑到现在的完全信任,他们对我说:你让我佩服。我卖过市场上那么多品牌的振动棒产品,还真没想到质量这么好的产品会是出自你一个毫不起眼小女人之手。产品稳定、耐磨、振力十足,这也是这个行业很难掌握的。你又是怎么做到的呢?我笑着告诉他们说:心态决定我的品质,品质塑造我的专业。我牢记牛根生的一句话:小胜凭智,大胜凭德。

　　更多的时候,我会认识和反省自己的不足之处。为了提高自身的业务素质和业务水平,平时只要一有空,我就会跑到附近书店,阅读大量有关销售方面的书籍。因为我认识到,21世纪的文盲不是那些没有学历、没有文凭的人,而是那些不思进取、不去学习的人。

　　【以上案例由国芷源通过http://www.tiaomu.com/b/12/8618.html整理而来】

3) 微商创业成功的案例之三

　　甜美的笑容,轻快的话语,如果不是随身携带的双拐,很难想象活泼开朗的黄银华是位残疾人。她19岁拄着双拐独自闯荡武汉,从摆裁缝摊起步,到开服装店、经营书店,再到开网店并成为阿里巴巴残疾人销售冠军,如今,黄银华线上线下的年销售额已近千万元。谈及女性创业,她说最初只是想养活自己。而现在,她想帮助更多的人脱贫致富。

　　我们一起来看一看这个女孩开网店年销过千万、成为电商导师的励志创业经历。

疾病浇灭舞蹈梦,拄双拐独自闯武汉

　　黄银华说:"小时候,我爱唱爱跳,最大的梦想是做一名舞蹈演员。"然而天不遂人愿,1987年,年仅13岁的她被诊断出患有血源性骨髓炎,瘫痪在家一躺就是6年。父母带她找过很多医院,仍无法治愈,她的人生从此与轮椅和双拐相伴。在卧病在床的6年里,她自学了高中课程,写过很多诗、小说,甚至梦想过考大学,可她的身体状况实在不允许。

　　为了不让父母操心,1993年,黄银华咬牙独身一人从家乡鄂州来到武汉。为了生存,她干过裁缝、办过书屋、还开了酒吧。"只要能尝试的我都干过。"湖北女子泼辣干练的特性在黄银华身上展露无遗。

创办职业培训学校,指导更多残疾人就业

　　早在创业期间,黄银华就曾自费办起了一个残疾人网站,帮助百余残疾人找到了工作。2009年,一个专门针对残疾人的创业培训基地,在黄银华的操作下诞生。然而,培训班各项成本每天都要支出,进展不顺,出现亏损。2010年5月,培训中心几乎到了倒闭的边缘。正在这时,她有机会面见了武汉市市长阮成发。阮成发在听取了她的想法后,让武汉市相关部门特批成立学校。从一个小小的创业培训中心,发展成为武汉阳光职业培训学校,这是黄银华从来没想过的。在此基础上,黄银华陆续创办了跨境电商速卖通商学院,与阿里巴巴签约合作培训电商人才。

2015年,黄银华在武汉火车站附近投建了1万平方米的电子商务孵化器,计划培育孵化电商企业1 500余家,帮助20 000人实现电子商务类的就业。阿里巴巴也向她抛来橄榄枝,希望她能提供两万云客服。"这非常适合女性在家就业,多一个妈妈在家实现就业,就少了一个留守儿童。"黄银华说,她将联合阿里巴巴、丝宝集团等企业为贫困女性提供岗位,帮更多人实现就业。

网店营业额过千万,梦想帮更多女性实现就业

"大家知道我年营业额最高的工作是什么吗?是开网店。"黄银华娓娓道来。2009年,看准互联网是未来发展趋势的她,开了第一家网店,年营业额200万,现在线上线下营业额近1 000万。"朋友们都跟我取经,我觉得不是自己多聪明,我只是选择了互联网,借互联网的低成本,把产品卖到全国各地。"

然而,这小小的成功,只是黄银华梦想的起点。"我的梦想是教育与公益,希望做大做强电子商务教育,帮助更多的人把东西卖到全国甚至全世界。我更希望做强我的公益,帮助更多的贫困女性实现互联网+就业,让更多的女性在家就能通过电商、微商平台实现就业,一个妈妈在家实现就业,就少了一个留守儿童。"

如今,黄银华网店有两位客服,都是黄银华曾经帮助的困难女性。其中有一位客服是襄阳人,因为经常要照顾老人和孩子,她不能外出打工,但在农村没有更好的赚钱方式。在黄银华帮助下,她学了用电脑,会开淘宝。"家里有事,她可以与另一位客户沟通值班。这样她可以在老人需要时可以尽孝心,在孩子需要时做一个尽职的好妈妈,同时还有一份稳定的工作。"5年来,黄银华创办的电商培训学校共培训电子商务从业人员3 000余名。其中,免费为1 500余名残疾人培训了电商知识。一些残疾人通过系统学习后,开网店创业取得了不错的收益。

与其说黄银华是在教人创业,不如说她是在利用资源整合,手把手帮人创业。这让从她学校里走出的学生,创业率达到50%以上;没有创业的,也大多数都能在她的推荐下找到工作。她在自己的课程中,还加入了能让残疾人的亲属参与的内容,目的是为了解决残疾人亲属不支持创业的问题。在这些特殊课程上,她以自己的创业经历告诉那些残疾人的亲属,创业都有一个过程,并不是一开始都能赚钱,而是需要各方面的支持,这能让残疾创业者更快走过艰难的过程。

她说,创业就是一个不断发现问题并解决问题的过程,如果哪天无法继续发现问题,或没办法解决问题,发展也就停止了。"我自己也是经历了新鲜期、磨合期和疲惫期,现在才进入相对的和谐期。但我不会停止,会向更高的难度和高度冲击。"

【以上案例由国芝源通过 https://m.201980.com/lzgushi/nvxing/12441.html 整理而来】

【国芝源点评】微商创业成功的多,失败的也多,通过上面三个微商创业成功的案例,笔者希望创业者能够得到启发:微商要成功首先要做的就是坚持,再遥不可及的梦想,也挡不住傻瓜式的坚持。

第五章　微信公众平台的常识与行为规范

微信公众平台,简称公众号,曾命名为"官号平台""媒体平台""微信公众号",最终定位为"公众平台"。

利用公众平台账号进行自媒体活动,简单来说就是进行一对多的媒体性行为活动,如商家申请微信公众服务号,通过二次开发展示商家微官网、微会员、微推送、微支付、微活动、微报名、微分享、微名片等,这已经形成了一种主流的线上线下微信互动营销方式。

微信公众号是开发者或商家在微信公众平台上申请的应用账号,该账号与QQ账号互通。通过微信公众号,商家可在微信平台上实现和特定群体的文字、图片、语音、视频的全方位沟通、互动。

5.1　微信公众平台分类

微信公众平台账号类型分为订阅号、服务号、企业微信。

- **订阅号**

订阅号是为媒体和个人提供一种新的信息传播方式,主要功能是在微信侧给用户传达资讯。其功能类似报纸杂志,提供新闻信息或娱乐趣事。

适用人群:个人、媒体、企业、政府或其他组织。

群发次数:订阅号(认证用户、非认证用户)1天内可群发1条消息。

想了解更多订阅号相关问题,您可以使用微信扫码进入腾讯客服公众号,联系在线客服(图5-1)。

- **服务号**

服务号可以为企业和组织提供更强大的业务服务与用户管理,主要偏向服务类交互,其功能类似"12315""114"、银行,提供绑定信息、服务交互。

适用人群:媒体、企业、政府或其他组织。

群发次数:服务号1个月(按自然月计)内可发送4条群发消息。

图 5-1

想了解更多服务号相关问题,您可以使用微信扫码进入腾讯客服公众号,联系在线客服(图 5-1)。

• 企业微信

企业微信主要用于公司内部沟通与协同管理,适用于企业、政府、事业单位或其他组织。需要先验证身份才可以成功关注企业号。

温馨提示:

(1) 如果想简单地发送消息,达到宣传效果,建议选择订阅号。

(2) 如果想用公众号获得更多的功能,例如开通微信支付,建议选择服务号。

(3) 如果想用来管理内部企业员工、团队,对内使用,可申请企业微信。

(4) 订阅号通过微信认证资质审核后有一次升级为服务号的入口,升级成功后类型不可再变。

(5) 服务号不可变更成订阅号。

5.2 微信公众平台申请

• 个人注册公众平台的步骤

(1) 打开微信公众平台官网 https://mp.weixin.qq.com,在网页右上角点击"立即注册",然后选择账号类型。

(2) 填写邮箱,然后登录该邮箱,查看激活邮件,再填写邮箱验证码激活。

(3) 了解订阅号、服务号和企业微信的区别后,选择想要的账号类型。

(4) 进行信息登记。选择个人类型之后,填写身份证信息。

(5) 填写账号信息，包括公众号名称、功能介绍，选择运营地区。

注册成功之后，就可以使用公众号了。

- **企业注册微信公众平台的步骤**

(1) 打开微信公众平台官网 https://mp.weixin.qq.com，在网页右上角点击"立即注册"，然后选择账号类型。

(2) 填写邮箱，然后登录该邮箱，查看激活邮件，再填写邮箱验证码激活。

(3) 了解订阅号、服务号和企业微信的区别后，选择想要的账号类型。

(4) 进行信息登记。公司请记得选择"企业类型"中的"企业"；选择"企业"之后，填写企业名称、营业执照注册号，选择注册方式。

5.3 微信公众平台设置

- **微信认证流程**

1) 微信认证的定义

微信认证指注册和认证公众号同时进行，申请后公众号即为认证加"V"的公众账号。如果有后续账号需要微信认证，也可选择微信认证方式来注册公众号，微信认证服务审核费300元/次。

注意：

(1) 个体工商户若无对公账户，可提供营业执照上的法定代表人的银行卡信息申请认证。

(2) 企业必须要有对公账户，需要先办理对公账户再申请公众号或认证。

(3) 事业单位若无对公账户，可以使用结算中心或财政账户支付验证（如国库集中收付结算中心等），也可以使用事业单位法人证书上法定代表人的对私银行卡号及姓名。

(4) 政府类型的用户若没有对公账号，可以在"机构开户银行""机构银行账号"栏填写"无"。

2) 微信认证流程图

微信认证流程的具体情况，如图5-2所示。

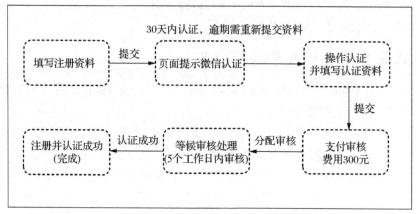

图 5-2

3) 微信认证方式具体操作流程

第一步:点击微信认证。

注意:微信认证注册方式是人工审核,需要服务审核费 300 元。

第二步:填写认证联系人信息。

个体工商户:联系人必须为法定代表人。

除个体工商户外,其他类型企业的联系人不一定为法定代表人,但必须是该公司在职员工。

第三步:填写公众号名称、功能介绍,选择运营地区。

注意:记得要在 30 天内(自然日)去操作微信认证,认证通过,才算注册并认证成功,账号才能正常使用。

• 公众账号注册时主体验证方式的区别

1) 支付验证方式

10 天内由申请公众号时填写的主体对公账户向腾讯指定账户打款随机金额,打款验证成功后即可注册成功且费用原路退回,注册成功的是注册号,如果需要微信认证,则要验证成功之后才能申请。

2) 微信认证验证方式

个体户、媒体、组织若无对公账户或公众号需微信认证,则可选择此方式验证真实性,需 30 天内(自然日)完成微信认证。

3) 法定代表人验证方式

目前仅支持企业类型的用户选择法定代表人验证方式注册。法定代表人验证通过后可以让管理员突破绑定数量的限制,一个人的身份信息可以成为50个账号的安全中心管理员。

温馨提示:

(1) 政府类型(组织机构类型为机关法人)、媒体类型默认微信认证验证方式。

(2) 在未完成认证前,无法正常使用微信公众账号的功能。

(3) 企业须有对公账户才能注册、认证成功,如果是新注册的公司,则需要先办理好对公账户再操作注册。

5.4 微信公众平台主要功能的使用说明

• 公众平台群发方法

登录微信公众平台(https://mp.weixin.qq.com)首页,进入"新建群发",根据需要填写文字/语音/图片/视频/录音等内容后,选择好群发对象、性别、群发地区发送即可。

• 微信公众平台图文消息编辑方法

1) 图文消息介绍

图文消息具有可以对需要发布的相关资讯进行编辑、排版的功能,可展现用户的活动内容、相关产品资讯等。

2) 编辑图文消息

进入微信公众平台→管理→素材管理→新建图文消息,即可编辑单图文;如果需要编辑多图文消息,则直接点击左侧图文导航"+"可增加一条图文消息,最多可编辑8条图文内容。

温馨提示:目前设置图文消息内容没有图片数量限制,正文里必须要有文字内容,图片加正文文字内容不超过20 000个字节即可[20 000字节(b)=19.531 25千字节(kb)]。

3) 图文消息标题、摘要编辑规则

(1) 标题(必填项)不能为空且长度不超过64个汉字或字符(不支持换行以及设置字体大小)。

(2) 在编辑单图文消息时,可以选填摘要内容,且摘要内容不能超过120个汉字或字符。填写摘要后,在粉丝收到的图文消息封面会显示摘要内容;若未填写摘要,在粉丝收到的图文消息封面则自动显示默认抓取的正文前54个汉字或字符。

4) 图文消息封面、正文图片上传规则

(1) 封面必须上传图片。

(2) 封面和正文图片,支持上传 bmp、png、jpeg、jpg、gif 格式。

(3) 封面图片和正文图片文件的大小均不能超过 5 M。

(4) 大图片建议尺寸为 900×500 像素,但上传后图片会自动压缩为 640 像素(图片的宽和高也会压缩为对应比例)的缩略图,在手机端可点击查看原图。

(5) 封面和正文支持上传 gif 格式的动态图片,会显示上传的原图(但因手机客户端系统问题可能会导致部分手机无法显示动态封面)。

5) 图文消息正文内容编辑规则

(1) 正文必须输入文字内容,不能超过 20 000 个汉字。

(2) 可设置字体大小、颜色、背景色、字体加粗、斜体、下划线。

(3) 可通过居中、居左、居右、段落间隔功能调整正文内容。

(4) 可通过浮动功能把图片设置到需要的位置。

(5) 可设置字体背景颜色,但图文消息背景颜色不支持自定义设置。

(6) 在右边的导航栏多媒体功能,支持添加图片、视频、音乐、投票等内容。

(7) 可以把编辑好的图文在左边导航栏操作上下移动,调整图文顺序。

温馨提示:新增加的功能有:可以手动输入 10 px(像素)至 50 px 范围内的字号大小、手动输入颜色代码配出任意颜色、撤销、重做、格式刷(可以快速将指定段落或文本的格式沿用到其他段落或文本上)。

6) 编辑完成的图文消息如何发送预览

目前,微信公众平台图文消息在群发之前,可以选择"发送预览",然后输入个人微信号,发送成功后则可以在手机上查看效果。发送预览只有输入的个人微信号能接收到,其他粉丝无法查看。目前预览的图文不支持分享到朋友圈,可以分享给微信好友/微信群(图 5-3)。

图 5-3

温馨提示:
(1) 预览微信号须是已关注该公众号的私人微信号。
(2) 素材库文章预览功能已全面升级,在电脑端、手机端看到的预览文章,预览次数达到500次或预览后超过12小时内容才会自动失效。

• 公众平台自动回复使用说明

公众号运营者可以通过简单地设置"按关键字自动回复""被添加自动回复""消息自动回复"功能而实现自动回复功能。您可以设定常用的文字、语言、图片、录音作为回复消息,并制定自动回复的规则。当订阅用户的行为符合自动回复规则的时候,就会收到自动回复的消息(图5-4)。

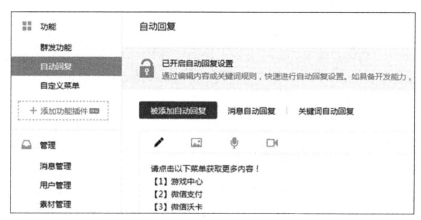

图 5-4

• 自定义菜单使用说明

1) 自定义菜单介绍

公众账号可以在会话界面底部设置自定义菜单,菜单项可按需设定,并可为其设置响应动作。用户可以通过点击菜单项,收到设定的响应,如收取消息、跳转链接。

2) 自定义菜单开通方法

进入微信公众平台→功能→自定义菜单→开启即可。

3) 微信公众平台自定义菜单设置方法

进入微信公众平台→功能→自定义菜单→添加菜单→点击"+"添加子菜单→设置动作→发布。

(1) 最多创建3个一级菜单,一级菜单名称字数不多于4个汉字或8个字母。

（2）每个一级菜单下的子菜单最多可创建 5 个，子菜单名称字数不多于 8 个汉字或 16 个字母。

（3）在子菜单下可设置动作。

发送信息：可发送信息类型包括文字、图片、语音、视频和图文消息等。但未认证订阅号暂时不支持文字类型。

跳转到网页：所有公众账号均可在自定义菜单中直接选择素材库中的图文消息作为跳转到网页的对象。认证订阅号和服务号还可直接输入网址。

温馨提示：编辑中的菜单不会马上被用户看到，点击发布后，会在 24 小时后在手机端同步显示，粉丝不会收到更新提示。若多次编辑，则以最后一次保存为准。

- **客服功能开通方法**

微信公众平台新版客服功能，是微信公众平台团队为了满足公众号客服需求而推出的网页版客服聊天工具，使用微信扫码登录方式，登录后支持实时回复粉丝咨询，满足多个客服人员同时为一个公众号提供服务的运营需求。

客服功能开通步骤：

1）公众号首次开通客服功能

通过微信认证的微信公众账号，登录公众平台后，可以在"功能-添加功能插件"中，找到"客服功能"插件并开通。

2）早前已开通多客服功能的升级为新版客服功能

（1）登录公众平台→功能→多客服→升级。

（2）点击升级按钮，系统会检测还未绑定手机微信号的客服，全部客服工号绑定手机微信后即可满足升级条件，也可以删除未绑定的客服工号，待升级完成后，重新添加即可，点击升级后即时生效。

（3）若存在未绑定微信号的客服，系统会提示"请完成列表中所有客服账号的微信号验证和绑定，不需要绑定的客服账号请删除"。

3）完成升级，可在新的界面添加或管理客服

5.5 微信公众账号的行为规范

在使用微信公众账号时，严禁有使用外挂行为、刷粉行为、诱导分享行为、恶意篡改功能行为等，对有以上行为严重违规并影响用户体验，给其他运营者、用户及平台带来损害的，一经发现将根据违规程度对该公众账号采取相应的处理措施。

1）使用外挂行为

使用外挂行为是指未经腾讯书面许可使用插件、外挂或其他第三方工具、服务接入本服务和相关系统的行为。例如：利用任何第三方工具或其他方式规避群发等限制策略，包括但不限于用公众平台的单发功能来实现群发功能，意图规避公众平台对群发次数的限制等。

2）刷粉行为

刷粉行为是指未经腾讯书面许可利用其他微信公众账号、微信账号和任何功能或第三方运营平台进行推广或互相推广的行为，包括但不限于：僵尸粉刷粉、公众账号互相推广、普通微信账号通过微信普通消息、附近的人打招呼、漂流瓶、摇一摇等任何形式推广公众账号，以及利用第三方平台进行互推等。其推广形式包括但不限于通过链接、头像、二维码、纯文字等各种形式完成推广行为。制作、发布与以上行为相关的方法、工具，或对此类方法、工具进行运营或传播，无论这些行为是否出于商业目的，使用者账号都将被处理。

3）诱导分享行为

诱导分享行为是指以奖励或其他方式，强制或诱导用户将消息分享至朋友圈的行为。奖励的方式包括但不限于实物奖品、虚拟奖品（积分、信息）等。诱导分享行为可分为强制型诱导分享行为和奖励型诱导分享行为。

4）恶意篡改功能行为

恶意篡改功能行为是指有目的性地对公众平台的功能或文字进行篡改，违反公众平台功能的原本用途或意义的行为。

为了更好地规范微信公众账号的行为，微信官方发布了《微信公众平台运营规范》（附录1）、《微信公众平台服务协议》（附录2）、《企业号运营规范》（附录3）等文件，保障了用户体验和使用。①

---

① 《微信公众平台运营规范》《微信公众平台服务协议》《企业号运营规范》由李强老师通过微信公众平台官网 https://mp.weixin.qq.com 收集整理而来。

附录1 微信公众平台运营规范

一、原则

我们一直致力于为用户提供绿色、健康的生态环境,努力打造一个企业、机构与个人用户之间交流和服务的优质平台,给予用户更多的选择和便利,进一步降低沟通和交易成本并创造更多的社会价值。

为了更好地实现这一目标,我们确定以下平台运营的基本原则,不仅作为平台使用者一切权责的基础,更期待您与我们携手共同维护平台运营秩序,规范自律,互融共进。

——建立良好的用户体验

- 开发运营含有丰富交流与互动元素的公众号;
- 为用户提供更多的选择(内容多样)和控制;
- 提供具有价值的、持续性的并与该账号高度相关的内容。

——要值得信赖

- 充分尊重用户并理解用户;
- 遵守国家相关法律法规,不从事违法或违反《微信公众平台服务协议》及相关规则的内容和行为;
- 不发送垃圾信息并不存在过度营销行为,鼓励向用户传送符合需求的真实资讯。

二、相关条款

使用微信公众平台的服务,公众号运营者必须阅读并遵守《微信公众平台服务协议》以及《腾讯服务协议》《腾讯微信软件许可及服务协议》以及腾讯为此制定的专项规则等。本运营规范是在上述协议及规则基础上进行解释和说明,相关内容和举例旨在帮助公众号运营者更加清晰地理解和遵守相关协议和规则,以便能够更加顺利地在微信公众平台进行运营,而不是修改或变更上述协议及规则中的任何条款。

三、运营规范

公众平台的良好可持续发展有赖于公众号运营者及广大公众账号用户的共同努力与支持,以下运营规范的内容有助于运营者更加清晰地了解公众平台的运营规则,期望我们一起创建并维护运营者、用户、平台等各方共赢有利的生态体系。

1. 注册规范

1.1 绑定的邮箱地址要求真实存在,通过该邮箱激活账号。

1.2 填写运营者的手机号码并按要求成功完成验证。

1.3 填写真实可信的身份资料(姓名、身份证号码、固定电话号码、单位名称、职务等信息)。

1.4　上传真实有效并清晰可见的证件(身份证、营业执照、组织机构代码证)照片或扫描件。

1.5　上传真实有效的授权书(加盖公章)。

1.6　一个身份证可注册的以及一个手机号码可验证的公众号数量,不得超过平台规定的可注册和可验证的公众号数量限制。

1.7　注册时可选择成为公众号或企业号,但选择后将不可更改。企业号的运营请参阅《企业号运营规范》。

1.8　账号名称应当与功能介绍的内容相符。

1.9　账号名称、头像、功能介绍等资料涉及色情、暴力等违法违规内容的,将不能注册。

1.10　账号名称、头像、功能介绍等资料涉及侵害他人名誉权、肖像权、知识产权、商业秘密等合法权利的,将不能注册。

1.11　无正当理由,账号名称与微信公众平台已有的公众号名称或公众号的微信号重复或存在混淆的,可能会无法注册。任何以包括但不限于添加无实质意义的字母、符号等方式作为避开、绕开微信公众平台账号名称规则的账号,也可能无法注册;已经注册的,也将视为违反本规范的行为予以处理。

1.12　在微信公众平台批量注册大量相似公众号的行为将会被禁止。

1.13　中文版本的运营地区必须在中国大陆,海外版的运营地区必须在中国大陆以外。

1.14　部分主体类型需进行主体申请真实性验证后,方可完成注册。

1.15　申请后30日未完成注册,公众号申请注册流程可能被终止,终止后注册所使用邮箱信息将被取消申请注册状态,可用于新公众号注册。

2. 认证规范

需遵守《微信公众平台认证服务协议》及相关认证规则。

3. 微信公众账号行为规范

鉴于以下行为均属严重违规,影响用户体验,并可能给其他公众账号运营者、用户及平台带来损害,任何微信公众账号均不得以任何形式实施。否则,一经发现将根据违规程度对该公众账号采取相应的处理措施。

3.1　使用外挂行为

未经腾讯书面许可使用或推荐、介绍使用插件、外挂或其他违规第三方工具、服务接入本服务和相关系统。

3.2　刷粉行为

3.2.1　未经腾讯书面许可利用其他公众号、微信账号和任何功能或第三方运营平台进行推广或互相推广的,包括但不限于:僵尸粉刷粉、公众账号互相推广、普通微信账号通过微信普通消息、附近的人打招呼、漂流瓶、摇一摇等任何形式推广公众账号,以及利用第三方平台进行互推等。

3.2.2 本规范所指"推广形式",包括但不限于:通过链接、头像、二维码、纯文字等各种形式完成的推广行为。

3.2.3 制作、发布与以上行为相关的方法、工具,或对此类方法、工具进行运营或传播,无论这些行为是否出于商业目的,使用者账号都将被处理。

3.3 诱导行为

3.3.1 诱导分享

通过外链或公众号消息等方式,强制或诱导用户将消息分享至朋友圈的行为。奖励的方式包括但不限于:实物奖品、虚拟奖品(积分、信息)等。

3.3.2 诱导关注

通过外链、公众号群发或二维码等方式,以奖励或其他方式,强制或诱导用户关注公众号的行为。奖励的方式包括但不限于:实物奖品、虚拟奖品(积分、信息)等。

其包括以下类型:

• 强制用户分享:分享后才能继续下一步操作。包括但不限于:分享后方可预订、分享后方可知道答案等。

• 利诱用户分享:分享后对用户有奖励。包括但不限于:邀请好友拆礼盒、集赞、分享可增加一次抽奖机会等。

• 胁迫、煽动用户分享:用夸张言语来胁迫、引诱用户分享。包括但不限于:"不转不是中国人""请好心人转发一下""转发后一生平安""转疯了""必转"等。

3.4 恶意篡改功能行为

有目的性地对公众平台的功能或文字进行篡改,违反公众平台功能的原本用途或意义。例如:在原本显示作者名称(即公众号名称)的位置篡改文字显示。

3.5 浪费账号资源行为

完成注册后,应正当使用账号,不得浪费账号资源,若存在包括但不限于连续90日未登录等情形,公众号的部分或全部功能,均可能被终止使用。终止使用后,账号名称等相关限制将被解除或释放,注册所使用的邮箱、身份证、微信号等信息也将被取消注册状态。

3.6 滥用原创声明功能

3.6.1 文章滥用原创声明

如下情形不得对文章进行原创声明,一经发现将永久收回原创声明功能使用权限,导致严重影响的,还将对违规公众账号予以一定期限内封号处理。

3.6.1.1 未取得合法授权发布的文章。

3.6.1.2 文章主要篇幅为诸如"法律、法规,国家机关的决议、决定、命令和其他具有立法、行政、司法性质的文件,时事新闻,历法,通用数表,通用表格和公式"等的公共内容。

3.6.1.3 大篇幅引用他人内容或文章主要内容为他人作品,如书摘、文摘、报摘等。

3.6.1.4 营销性质的内容。

3.6.1.5 整合的内容。

3.6.1.6 对非独家代理的文章声明原创等。

3.6.1.7 色情低俗内容、暴力内容、不实信息等内容。

3.6.1.8 违反法律法规、政策及公序良俗、社会公德,违反《微信公众平台服务协议》《微信公众平台运营规范》,或干扰微信公众平台正常运营和侵犯其他用户或第三方合法权益内容的信息。

3.6.2 图片滥用原创声明

含有如下情形之一的,不得对图片进行原创声明,一经发现将永久收回原创图片声明功能的使用权限,产生严重影响的,还将对违规微信公众账号予以包括但不限于一定期限内封号、永久封号等方式的处理。

3.6.2.1 抄袭、整合他人创作的图片,或非独家授权申请原创声明的图片。

3.6.2.2 涉及色情低俗、暴力、不实信息等内容违反法律法规或腾讯平台规则、用户协议的图片。

3.6.2.3 图片主要内容为法律、法规,国家机关的决议、决定、命令和其他具有立法、行政、司法性质的文件,时事新闻,历法,通用数表,通用表格和公式等公共或为公众所周知的内容。

3.6.2.4 图片主要内容为诸如二维码、基础几何图形、基础色块图、纯文字图、系统常用图、网页或应用截图等的通用内容。

3.6.2.5 任何以对实物图像作品进行包括但不限于摄影、扫描等而产生的电子版本图片作品。

3.6.2.6 违反法律法规、政策及公序良俗、社会公德,违反《微信公众平台服务协议》《微信公众平台运营规范》,或干扰微信公众平台正常运营和侵犯其他用户或第三方合法权益内容的信息。

3.6.3 视频作品滥用原创声明

含有如下情形之一的,不得对视频作品进行原创声明,一经发现将永久收回原创视频声明功能的使用权限,产生严重影响的,还将对违规微信公众账号予以包括但不限于一定期限内封号、永久封号等方式的处理。

3.6.3.1 抄袭、剪辑、拼凑、整合他人内容的视频作品,未获得视频作品本身及视频配音、音乐、图片、片段等元素授权的视频作品。

3.6.3.2 非独家授权的视频作品。

3.6.3.3 涉及色情低俗、暴力、不实信息等内容违反法律法规或腾讯平台规则、用户协议的视频。

3.6.3.4 视频内容为法律法规规定不予保护的作品。

3.6.3.5 违反法律法规、政策及公序良俗、社会公德,违反《微信公众平台服务协议》《微信公众平台运营规范》,或干扰微信公众平台正常运营和侵犯其他用户或第三方合法权益内容的信息。

3.7 滥用赞赏功能

赞赏是读者认可原创文章而自愿赠予,用以鼓励的无偿行为。如下情形不得对文章使用赞赏功能,一经发现将永久收回赞赏功能使用权限,导致严重影响的,还将对违规公众账号予以一定期限内封号处理,处理时未结算资金将退还微信用户。

3.7.1 用赞赏进行募捐。

3.7.2 用赞赏进行赌博或抽奖。

3.7.3 售卖商品(任何实物或虚拟商品)等,包括但不限于在文章中说明会给赞赏金额最多的用户提供粉丝见面会的门票、进入某个粉丝群的权限等。

3.8 违法经营行为

3.8.1 非法分销行为。

3.8.2 未取得法定许可证件或牌照、未获得在先的行政许可或未符合监管部门的要求,发布、传播或从事相关经营活动的行为,包括但不限于违规发布药品或医疗器械推广内容的、违规发布证券或期货等投资类有偿咨询内容的、违规发布烟草宣传内容的。

3.8.3 以任何形式参与、鼓励、促进或诱导他人排斥正常商业竞争的行为,或为前述行为的传播提供便利的。

3.8.4 其他违法经营行为。

3.9 滥用模板消息接口行为

违规内容

利用模板消息接口,从事以下行为:

3.9.1 发送内容与服务场景不一致(含标题、关键词)的模板消息。

3.9.2 发送广告营销类模板消息。

3.9.3 发送红包、卡券、优惠券、代金券、会员卡类模板消息。

3.9.4 频繁发送相同内容或性质的模板消息,对用户造成骚扰。包括但不限于:频率过高的到期提醒类通知、频率过高的缴费提醒类通知、频率过高的留言提醒类通知、订阅提醒类通知等。

处罚规则

一经发现将根据违规程度对该公众账号采取阶梯性模板消息接口封禁甚至封号处理措施。

3.10 滥用客服消息行为

违规内容

利用客服接口或聊天功能,从事以下行为:

3.10.1 向用户发送与请求无关的消息,包括但不限于:与请求无关的营销广告、本运营规范"微信公众账号发送内容规范"中列举的违规内容等。

3.10.2 在用户无咨询和服务请求时,多次或频繁向用户发送消息,对用户造成骚扰。

3.10.3 以任何形式强制、利诱、胁迫、煽动、诱导用户产生互动,持续发送消息骚扰用户。

处罚规则

一经发现将根据违规程度对该公众账号采取阶梯性客服接口封禁、聊天功能封禁甚至封号处理措施。

3.11 多级分销经营行为

违规内容

通过微信公众账号实施多级分销欺诈行为,发布分销信息诱导用户进行关注、分享或直接参与。此模式多数包装为新型商业模式、创新金融产品、互助扶贫、国家帮扶计划等,本质在于利用关系链发展人员,形成多级上下线关系,按照下线人数或者销售业绩计算盈利,与传销行为类似,一定程度上具有金字塔欺诈、庞氏骗局等特征。

处罚规则

一经发现存在此类行为的账号,微信公众平台将对其进行限制账号部分功能直至永久封号处理,并有权拒绝再向该运营主体提供服务。

违规示例

1. 通过发展人员形成上下线关系,依据下线人数、销售业绩等为依据计算和给付上线报酬。

2. 以金融互助、贫困帮扶、代理权限等方式诱导用户滚动发展下级人员。

3. 下线人员交纳费用或以认购商品等方式变相交纳费用才能取得加入或者发展其他人员加入的资格。

3.12 欺诈、可疑服务及不诚信行为

违规内容

3.12.1 利用微信公众平台发布涉嫌以骗取钱财为目的的欺诈信息(例如网

赚、中奖类信息),涉嫌虚假夸大减肥、增高、丰胸、美白效果但明显无效的保健品、药品、食品信息或涉嫌推广、销售假冒伪劣商品的信息。

3.12.2 采用虚构事实、隐瞒真相等手段,利用微信公众平台提供有偿或无偿服务,骗取他人钱财或诱使他人关注、分享相关信息的行为。

3.12.3 以自动化程序冒充真实用户、虚构用户信息等方式,利用微信公众平台有偿或无偿提供好友介绍、约会撮合、聚会召集等可疑服务。

3.12.4 自行或协助他人以拟人程序、利诱其他用户参与、委托刷单平台等任何方式,实施非真实的点击、阅读、点赞、评价、刷单等操作,虚构、伪造、隐瞒包括但不限于阅读量、关注用户量、转发量、下载量、投诉量等各种数据信息的行为。

3.12.5 其他以任何形式利用微信公众平台实施涉嫌欺诈、可疑服务或不诚信行为的行为,或发布任何涉嫌欺诈的信息。

处罚规则

一经发现涉嫌存在此类行为的账号,微信公众平台将对其进行限制账号部分功能直至永久封号处理,并有权拒绝再向该运营主体提供服务。

3.13 恶意违规及对抗行为

恶意违规及对抗行为是指涉嫌在主观上存在故意,客观上实施违反微信公众平台协议及运营规范的行为。包括但不限于以下几种形式:

3.13.1 注册大量账号开展违规行为

违规内容

批量或逐步注册大量公众号,同时或分批实施发布色情、欺诈信息内容等违规行为。

处理措施

一经发现将根据违规程度对该公众账号按现有规则进行处理,如涉及色情、欺诈的,将永久封号处理。

若发现如果存在同一团伙、同一类型信息或存在其他相同或类似因素的账号关联关系,且涉嫌存在养号、注册备用账号等行为或倾向的,将对关联账号进行永久封号处理。

拒绝再向上述违规主体提供任何注册或认证服务。

3.13.2 买卖、借用、盗用、伪造他人身份信息进行注册或微信认证

违规内容

自行或通过任何第三方,买卖、借用、盗用他人身份信息在微信公众平台进行注册或微信认证的行为,包括但不限于:伪造身份信息、买卖身份信息、有偿代为扫码协助身份验证流程等。

注册或微信认证时使用了他人(非真正主体身份)的证件或身份信息通过身份

验证。

处理措施

对于使用虚假身份的账号,平台将视情况对该等账号采取要求重新验证身份等处理。

对于专门提供此类服务的账号进行永久封号处理,并拒绝再向相关违规主体提供任何注册或认证服务。

被借用的主体身份如出现欺诈、色情等恶意违规行为的,将拒绝再向其提供任何注册或认证服务。

同一主体下的其他微信公众账号如果进行违法行为的,将有可能影响正常运营的账号在平台的信用度。

3.13.3 多次违规

违规内容

长期发送谣言类、低俗类、标题党类文章,经过多次删文警告、限制能力处理后,仍继续违规的。

处理措施

对多次提醒、警告教育后,仍再有类似情形的,将对账号进行永久封禁处理。

若同一主体下多个账号均存在类似违规行为的,将拒绝再向该主体提供任何注册或认证服务。

3.13.4 规避平台运营审核的行为

违规内容

使用特殊符号、图片等方式规避垃圾内容审核,使用反复多链接跳转替换发表相同垃圾内容等行为。

处理措施

对于违规文章进行删文处理,对账号视情况进行能力封禁等处理。

3.13.5 其他行为

其他恶意违规及对抗行为,例如故意寻找漏洞与平台对抗的行为等。

4. 公众号发送内容规范

公众号的发送内容需要遵守《微信公众平台服务协议》、相关法律法规的规定。用户发送内容如涉及违反相关规定,一经发现将根据违规程度对公众账号采取相应的处理措施,包括但不限于:

4.1 侵权或侵犯隐私类内容

4.1.1 主体侵权

擅自使用他人已经登记注册的企业名称或商标,侵犯他人企业名称专用权及商标专用权。

擅自使用他人名称、头像,侵害他人名誉权、肖像权等合法权利。

部分主体类型需进行主体申请真实性验证后,方可完成注册。

此类侵权行为一经发现,将对违规公众账号采取清除违规内容、功能封禁甚至注销等形式的处理。

4.1.2 内容侵权

未经授权发送他人原创文章,侵犯他人知识产权。

未经授权发送他人身份证号码、照片等个人隐私资料,侵犯他人肖像权、隐私权等合法权益。

捏造事实公然丑化他人人格,或用侮辱、诽谤等方式损害他人名誉。

未经授权发送企业商业秘密,侵犯企业合法权益。

此类侵权行为一经发现,将对违规公众账号采取清除违规内容、功能封禁甚至注销等形式的处理。

4.2 庸俗挑逗性内容

违规内容

4.2.1 散布淫秽、色情内容,包括但不限于招嫖、寻找一夜情、性伴侣等内容。

4.2.2 发送以色情为目的的情色文字、情色视频、情色漫画的内容,但不限于上述形式。

4.2.3 长期发送色情擦边、性暗示类信息内容,以此来达到吸引用户的目的。

4.2.4 直接或隐晦表现性行为、具有挑逗性或者侮辱性内容,或以带有性暗示、性挑逗的语言描述性行为、性过程、性方式的。

4.2.5 以庸俗或挑逗性标题、内容、配图(包括封面缩略图)吸引用户阅读文章、关注微信公众账号的,或标题、内容、配图(包括封面缩略图)含有对用户、阅读者产生不良、不正当影响等误导性内容的。

4.2.6 利用微信公众平台传播非法性药品、性保健品、性用品和性病治疗营销信息等相关内容的。

4.2.7 利用微信公众平台发布相关部门禁止传播的色情和有伤社会风化的文字、音视频内容的。

处罚规则

• 对发送低俗内容的账号,进行阶梯性封号处理;

• 对名称、头像、功能介绍涉及低俗内容的账号,进行清空处理;

• 对发送色情淫秽类文章的账号,进行注销处理;

• 微信团队保留对情节严重或多次违反相关规定的账号进行加重处罚的权利。

4.3 暴力内容
4.3.1 散播人或动物被杀、致残以及枪击、刺伤、拷打等受伤情形的真实画面。
4.3.2 出现描绘暴力或虐待儿童等内容。
4.3.3 出现吸食毒品、自虐自残等令人不安的暴力画面内容。
4.3.4 无资质销售仿真枪、弓箭、管制刀具、气枪等具有杀伤力的枪支武器。
4.3.5 出现以鼓励非法或鲁莽使用方式等为目的而描述真实武器的内容。
4.4 赌博类内容
发送组织聚众赌博，出售赌博器具，传授赌博（千术）技巧、方式、方法等内容。
4.5 危害平台安全内容
4.5.1 发送钓鱼网站等信息，诱使用户上当受骗蒙受损失。
4.5.2 发送病毒、文件、计算机代码或程序，可能对微信消息发送服务的正常运行造成损害或中断。
4.6 涉黑类内容
发送替人复仇、收账等具有黑社会性质的信息；雇佣、引诱他人从事恐怖、暴力等活动；拉帮结派，招募成员，对社会秩序构成潜在危害的内容。
4.7 非法物品类内容
包括但不限于：买卖发票；出售假烟、假币、赃物、走私物品；违法办证刻章，代办身份证、信用卡，办理手机复制卡等；交易人体器官等。
4.8 推广、营销信息、广告类内容
4.8.1 违法推广、营销信息、广告类
含有任何不符合法律法规要求的推广、营销信息、广告的内容，包括但不限于含有贩卖毒品、窃听器、军火、人体器官、迷药、国家机密、信用卡套现，办证，非法刻章，性虐等内容。
4.8.2 推广、营销信息、广告推荐商品本身和公众账号所公示身份（包含注册及公示的主体资料及运营业务范围）无关，如：账号名称为心情语录，实际售卖减肥产品等。
4.8.3 未经腾讯许可，以跳转、弹框、横幅等任何形式在微信公众平台发布引导用户下载软件、App 应用等的推广、营销信息、广告。
4.9 谣言类内容
发送不实信息，制造谣言，发布可能对他人、企业或其他机构造成损害的内容。
4.10 骚扰类内容
过度营销，对用户造成骚扰的内容。
4.11 误导类内容

误导类内容包括但不限于以下情况：

标题使用夸张、惊悚、极端的词语和数据夸大其词；

标题使用侮辱、煽动、低俗词语，使人不适；

题文不符、断章取义、偷换概念、歪曲事实；

标题过多使用无实际意义的标点符号吸引眼球；

旧闻翻炒故意误导。

4.12 其他涉及违法违规或违反相关规则的内容

4.12.1 其他违反国家法律、行政法规、部门规章、地方性法规等规范性文件的内容。

4.12.2 其他违反与腾讯签订的、任何形式的服务协议、平台协议、功能协议的内容。

4.12.3 其他违反腾讯为相关软件、服务、功能等而制定的管理、运营规范、规则的内容。

4.12.4 其他导致腾讯软件在终端设备系统、应用程序商店、市场等必要的使用环境或下载渠道中发生下架、下线、终止提供服务、不兼容等不利影响的内容。

5. 数据使用规范

5.1 获取或使用用户数据

5.1.1 未经用户明确同意，未向用户如实披露数据用途、使用范围等相关信息的情形下复制、存储、使用或传输用户数据。

5.1.2 要求用户共享个人信息（手机号、出生日期等）才可使用其功能，或收集用户密码或者用户个人信息（包括但不限于：手机号，身份证号，生日，住址等）。

5.1.3 向公众号粉丝（该账号关注用户）或任何第三方显示用户微信号、名称、QQ、手机号、电子邮箱地址和出生日期等。

5.1.4 将用户微信号、名称、QQ、手机号、电子邮箱地址和出生日期等信息用于任何未经用户及微信公众平台授权的用途。

5.1.5 企图进行反射查找、跟踪、关联、挖掘、获取或利用用户微信号、名称、QQ、手机号、电子邮箱地址和出生日期等信息从事与公众号所公示身份无关的行为。

5.2 地理位置数据使用

5.2.1 在采集、传送或使用地理位置数据之前未通知并获得用户同意的公众账号将会被拒绝。

5.2.2 将基于地理位置的 API 用于车辆、飞机或其他设备的自动控制或自主控制的公众账号将会被拒绝。

5.2.3 将基于地理位置的 API 用于调度、车队管理或应急服务的公众账号将会被拒绝。

5.2.4 地理位置数据只能用于公众账号提供的直接相关功能或服务,或者有授权的广告。

5.3 微信公众平台信息内容使用

5.3.1 未经腾讯书面许可,不得自行或授权、允许、协助任何第三人对微信公众平台信息内容进行如下行为:

5.3.1.1 复制、读取、采用微信公众平台信息内容,用于包括但不限于宣传、增加阅读量、浏览量等商业用途。

5.3.1.2 擅自编辑、整理、编排微信公众平台信息内容后在任何微信公众平台源页面以外的渠道进行展示。

5.3.1.3 采用包括但不限于特殊标识、特殊代码等任何形式的识别方法,自行或协助第三人对微信公众平台的信息或内容产生流量、阅读量引导、转移、劫持等不利影响。

5.3.1.4 其他非法获取微信公众平台信息内容的行为。

5.3.2 经腾讯书面许可后,对微信公众平台信息和内容的分享、转发等行为,还应符合以下规范:

5.3.2.1 对抓取、统计、获得的相关搜索热词、命中率、分类、搜索量、点击率、阅读量等相关数据,未经腾讯提前书面同意,不得将上述数据以任何方式公示、提供、泄露给任何第三人。

5.3.2.2 不得对微信公众平台源网页进行任何形式的任何改动,包括但不限于微信公众账号首页(profile 页面)链接、微信广告系统链接等入口,也不得对微信公众平台源页面的展示进行任何形式的遮挡、插入、弹窗等妨碍。

5.3.2.3 应当采取安全、有效、严密的措施,防止微信公众平台信息内容被第三方通过包括但不限于"蜘蛛(spider)"程序等任何形式进行非法获取。

5.3.2.4 不得把相关数据内容用于腾讯书面许可范围之外的目的,进行任何形式的销售和商业使用,或向第三方泄露,提供给第三方或允许第三方为任何方式的使用。

5.3.3 公众号向任何第三人分享、转发、复制微信公众平台信息内容的行为,还应遵守腾讯为此制定的其他规范和标准。

6. 支付规范

6.1 在微信公众平台使用支付功能的,应当依照法律、法规等规范性文件的规定开展,不得实施非法吸收公众存款、集资诈骗等违法犯罪行为,或为违法犯罪行为提供协助。

6.2 使用微信公众平台过程中,如需使用、接入支付功能的,为维护交易安全,建议优先选用微信支付等腾讯提供的第三方支付工具。同时,不得以任何方式禁止、阻碍、妨碍或影响微信用户自主选择使用微信支付等腾讯提供的第三方支付工具,也不得为上述行为提供任何便利或协助。

6.3 用户使用微信支付等腾讯提供的第三方支付工具的,需遵守《微信支付服务协议》和《微信支付用户服务协议》等服务协议和平台规则。

7. 内测规范

7.1 我们新的功能与接口都将以内测的形式发布出来,欢迎公众号的运营者申请内测。

7.2 我们有权根据产品运营需要制定并修改针对内测名额的限定以及内测接口的使用规则。

8. 商标与商业外观

8.1 公众号必须遵守商标、版权等知识产权法律法规以及腾讯关于知识产权使用的相关规则。

8.2 非商标所有权人或未经授权使用他人商标的公众账号将会被拒绝。

8.3 使用他人商标、版权等涉及他人知识产权的内容需要在账号申请时如实说明,并根据要求提供相关权利证书或授权证明。

8.4 非腾讯官方账号,禁止在账号名称、输出内容中出现与腾讯已有知识产权内容相同(如"腾讯""微信""Tencent""WeChat""QQ"等)、相近似(例如,腾迅、tencet、wecha 等)的字样,或者容易与目前已有腾讯产品设计主题、外观等相混淆的内容。

8.5 任何误导和暗示腾讯公司是该账号运营者,或者误导和暗示腾讯公司以任何形式表示认可其质量、服务或与其存在合作关系,而并非腾讯公司运营的公众账号将会被拒绝。

9. 阶梯式处罚机制与举报机制

9.1 微信公众平台已启用用户举报处理机制,我们会根据用户的举报,视违规程度予以不同程度的处罚措施。使用过程中违反法律法规、《微信公众平台服务协议》等相关协议、规则的,公众号可能被终止使用,该等终止使用后,注册所使用邮箱、身份证、微信号等信息将被取消注册状态并被冻结,将不能用于新公众号注册。

9.2 对于涉嫌多次或经常编造、发布、转发、传播违法、违规信息内容的,或者涉嫌无正当理由频繁针对同一个或同一类型主体的合法权益进行不实或夸大的攻击或侵害的,或者已存在多项微信公众平台处理记录的公众号,微信公众平台有权采取更为严厉的措施,包括但不限于对相关内容进行删除、屏蔽,并视行为情节对违规账号处以包括但不限于警告、删除部分或全部关注用户、限制或禁止使用部分或全部功能、账号短期或永久封禁直至注销的处理,并有权拒绝再向该运营主体提供服务。

四、遵守当地法律监管

你在使用微信公众平台服务的过程中应当遵守当地相关的法律法规,并尊重当地的道德和风俗习惯。如果你的行为违反了当地法律法规或道德风俗,你应当为此独立承担责任。

公众号用户及运营者应避免因使用本服务而使腾讯卷入政治和公共事件,否则腾讯有权暂停或终止对你的服务。

五、免责声明

公众号用户及运营者明确了解并同意:

关于公众号服务腾讯不提供任何种类的明示或暗示担保或条件,包括但不限于商业适售性、特定用途适用性等。你对公众号的使用行为必须自行承担相应风险。

公众号用户及运营者明确了解并同意,本运营规范是在为了保障遵守国家法律法规、维护公序良俗,以及保护他人合法权益的基础上,为打造绿色、健康、优质平台的更高目标而制定的,微信公众平台秉承该理念进行运营、管理和惩处规范,腾讯在能力范围内尽最大的合理努力依照有效的法律法规做出判断,但是并不保证其判断完全与司法机构、行政机关的判断一致,为此产生的后果公众号用户及运营者已经理解并同意自行承担。

六、动态文档

本运营规范为动态文档,我们有权根据相关法律法规更新或产品运营的需要对其内容进行修改并更新,你应能反复查看以便获得最新信息。

微信团队

附录2 微信公众平台服务协议

首部及导言

欢迎你使用微信公众平台!

为了使用微信公众平台服务(以下简称"本服务"),你应当阅读并遵守《微信公众平台服务协议》(以下简称"本协议")以及与此相关的专项规则等。

本服务属于腾讯提供的众多服务之一,你在具体使用过程中,将会不可避免地使用与腾讯微信软件相关的服务,基于这些因素,你还需阅读并遵守《腾讯服务协议》以及《腾讯微信软件许可及服务协议》。

请你务必审慎阅读、充分理解各条款内容,特别是免除或限制责任的相应条款,以及开通或使用某项服务的单独协议或特别条款,并选择接受或不接受。限制、免责条款可能以加粗形式提示你注意。

除非你已阅读并接受本协议所有条款,否则你无权使用微信公众平台服务。你对本服务的登录、查看、发布信息等行为即视为你已阅读并同意本协议的约束。你有违反本协议的任何行为时,腾讯有权依照违反情况,随时单方限制、中止或终止向你提供本服务,并有权追究你的相关责任。

基于本服务,你可以申请使用微信公众平台提供的特殊功能服务,若需开通和使用特殊功能服务,请仔细阅读相关特殊功能服务条款,你一旦接受或使用任何特殊功能服务,即视为你已经阅读并同意接受本协议及该特殊功能服务条款,受到本协议及该特殊功能服务条款的约束。

此外,你清楚知悉并理解,因实际需要,特定的特殊功能服务条款可能会存在协议条款名称发生修改、变更的情况,对此你明确认知并认可,该等情况并不构成对相关协议条款内容的变更,也不影响相关协议条款的效力。

卡券功能:使用微信公众平台卡券功能服务所适用的服务条款。

"摇一摇·周边"开发者:使用微信"摇一摇·周边"功能进行开发所适用的服务条款。

"摇一摇·周边"服务:使用微信公众账号"摇一摇·周边"功能服务的各项服务所适用的条款。

"摇电视"平台:使用微信"摇电视"平台服务所适用的服务条款。

扫一扫功能:使用微信平台"扫一扫"功能所适用的服务条款。

赞赏功能:使用微信公众平台赞赏功能所适用的服务条款。

微信小店功能:使用微信小店功能服务所适用的服务条款。

微信连 Wi-Fi:使用微信连 Wi-Fi 平台服务所适用的服务条款。

微信连 Wi-Fi 设备提供商:使用微信连 Wi-Fi 设备提供商服务所适用的服务

条款。

微信互联设备:使用微信互联设备功能所适用的服务条款。

微信小程序:使用微信小程序平台服务所适用的服务条款。

微信门店小程序:使用微信门店小程序平台所适用的服务条款。

原创声明及相关功能:使用原创声明及相关功能所适用的服务条款。

如果你未满18周岁,请在法定监护人的陪同下阅读本协议及其他上述协议条款,并特别注意未成年人使用条款。

一、协议的范围

1.1 本协议是你与腾讯之间关于你使用微信公众平台服务所订立的协议。"腾讯"是指腾讯公司及其相关服务可能存在的运营关联单位。"用户"是指注册、登录、使用微信公众账号的个人或组织,在本协议中更多地称为"你"。"其他用户"是指包括其他微信公众账号用户和微信用户等除用户本人外与微信公众平台服务相关的用户。

1.2 本服务是腾讯向用户提供的信息发布、客户服务、企业管理以及与此相关的互联网技术服务。微信公众账号(亦可能简称为"公众号")分为订阅号、服务号和企业号。微信用户关注订阅号或服务号后将成为该账号关注用户,关注企业号并成功进行身份验证后将成为企业号关注用户。微信公众账号可以通过微信公众平台为相关用户提供服务,包括群发信息、单发信息、用户消息处理等。

1.3 本协议被视为《腾讯服务协议》及《腾讯微信软件许可及服务协议》的补充协议,是其不可分割的组成部分,与其构成统一整体。本协议与上述内容存在冲突的,以本协议为准。

本协议内容同时包括腾讯可能不断发布的关于本服务的相关协议、服务声明、业务规则及公告指引等内容(以下统称为"专项规则")。上述内容一经正式发布,即为本协议不可分割的组成部分,你同样应当遵守。

1.4 微信或其服务平台,指腾讯微信软件、微信公众平台、微信开放平台等与微信服务相关的网站、应用、软件等。

二、账号注册与认证

2.1 你在使用本服务前需要注册一个微信公众账号。微信公众账号通过电子邮箱账号进行绑定注册,请你使用未与微信账号绑定的电子邮箱账号注册微信公众账号。腾讯有权根据用户需求和产品需要对账号注册和绑定的方式进行变更,关于你使用账号的具体规则,请遵守相关账号使用协议以及腾讯为此发布的专项规则。

2.2 用户在注册微信公众账号时需要选择账号类型,且选择后将无法更改。订阅号、服务号在注册完成后,系统将为你自动匹配微信号,你可以对微信号进行设置或修改。微信号的设置或修改,不得以任何形式违反法律法规或侵害他人合法权益,并应当遵守相关规则标准,否则,腾讯有权随时不经通知对你的微信号进行处理。小程序号在注册完成后,系统将为你自动匹配微信号,微信号不可自行设置。企业号不配置微信号,在注册完成后,你可以通过系统后台生成二维码或名片推荐等方式,供微信用户关注。

2.3 用户基于信息登记或其他需要可以为微信公众账号申请微信公众平台认证。认证审核包括账号资质审核与账号名称审核。完成所有审核流程后,由腾讯作出认证成功的判断。微信公众平台认证服务内容仅限于对用户提交的资料及信息进行甄别与核实,腾讯将对用户提交的资料和信息进行合理、谨慎的形式审查,但在腾讯的合法权限和合理能力范围内,腾讯无法实质审查用户的实际经营、运营、提供服务以及推广等行为,并不为此提供任何担保。因用户行为导致与其他用户或第三方发生争议的,由用户独立对外承担责任,因此给腾讯、其他用户或第三方造成损害的,你应当依法予以赔偿。

为向用户提供更专业的服务,你同意授权腾讯可以委托第三方对你所提交的注册资料、认证资料等信息登记资料进行核查、校验和审核,也可能会在法律允许和审核需要的范围内对你提交的资料、信息及相关背景信息、关联信息进行查询,并根据审核情况进行独立判断后确定认证结果,以实现微信公众账号注册和认证的实名制。同时,为依法保护相关权利人的在先权利并规范平台运营,部分微信公众账号需要认证才能注册和使用。关于微信公众平台认证的具体规则,请阅读并遵守《微信公众平台认证服务协议》和《微信小程序认证指引》。

2.4 微信公众账号注册采用实名制,用户应当如实填写和提交账号注册与认证资料,完成信息登记,并对资料的真实性、合法性、准确性和有效性承担责任。腾讯依据你填写和提交的账号资料,在法律允许的范围内向其他用户展示你的注册信息。如用户提供服务或内容需要取得相关法律法规规定的许可、进行备案或取得相关合法资质的,用户应当在账号注册与认证时进行明确说明并提交相应的许可、备案或资质证明。否则,腾讯有权拒绝或终止提供本服务,并依照本协议对违规账号进行处罚。因此给腾讯或第三方造成损害的,你应当依法予以赔偿。

你理解并同意:

(1)你用以参与本服务的微信公众账号由你独立维护、运营并独立承担全部责任。腾讯不会、也不可能参与该公众账号的运营等独立活动。

(2)腾讯自主开发并独立享有本服务技术接口的知识产权等合法权益,你仅在本服务范围内进行使用。

(3)因你的原因导致的任何纠纷、责任等,以及你或你的微信公众账号违反相关法律法规或本协议约定引发的任何后果,均由你独立承担责任、赔偿损失,与腾讯无关。如侵害到腾讯或他人权益的,你须自行承担全部责任和赔偿一切损失。

三、用户个人信息保护

3.1　保护用户个人信息是腾讯的一项基本原则,腾讯将会采取合理的措施保护用户的个人信息。除法律法规规定的情形外,未经用户许可腾讯不会向第三方公开、透露用户个人信息。腾讯对相关信息采用专业加密存储与传输方式,保障用户个人信息的安全。

3.2　你在申请本服务过程中,需要填写一些必要的信息,请保持这些信息的真实、准确、合法、有效并注意及时更新,以便腾讯向你提供及时有效的帮助,或更好地为你提供服务。根据相关法律法规和政策,请你填写真实的身份信息。若你填写的信息不完整或不准确,则可能无法使用本服务或在使用过程中受到限制。

3.3　一般情况下,你可随时浏览、修改自己提交的信息,但出于安全性和身份识别(如账号申诉服务)的考虑,你可能无法修改注册时提供的初始注册信息及其他验证信息。

3.4　腾讯将运用各种安全技术和程序建立完善的管理制度来保护你的个人信息,以免遭受未经授权的访问、使用或披露。

3.5　未经你的同意,腾讯不会向腾讯以外的任何公司、组织和个人披露你的个人信息,但法律法规另有规定的除外。

3.6　腾讯非常重视对未成年人个人信息的保护。若你是18周岁以下的未成年人,在使用腾讯的服务前,应事先取得你家长或法定监护人的书面同意。

3.7　你应对通过本服务了解、接收或可接触到的包括但不限于其他用户在内的任何人的个人信息予以充分尊重,你不应搜集、复制、存储、传播或以其他任何方式使用其他用户的个人信息,否则,由此产生的后果由你自行承担。

四、企业号特别条款

4.1　本条被视为微信企业号的特别条款。本条对企业号的约定与本协议其他内容存在冲突的,以本条为准。关于微信企业号运营的具体规则,请阅读并遵守《微信企业号运营规范》。

4.2　企业号是企业用户的员工、关联组织与企业内部信息网络系统建立联系的移动应用平台。你应当审慎确定微信关注用户的范围,企业号应仅限于向企业员工、供应商、经销商等提供服务,不应诱导终端用户(如购买、使用企业最终商品或者接受企业最终服务的用户)关注企业号并开展商业活动。

4.3　腾讯非常重视对企业信息安全的保护。采用关键信息加密存储、信息通信全程加密等多种技术手段和分级权限管理、关注验证、保密消息等业务实现方案以保护信息安全,你应当正确使用前述技术手段和方案,以共同保护企业信息的机密性、完整性和可用性。

4.4 企业号及企业号发送的所有信息均不支持被未关注该企业号的其他用户搜索;腾讯会采取合理的措施保护企业号发送或待发送的所有信息及被允许关注的微信用户个人信息不被未经授权的用户访问、查看、阅读或披露;腾讯不会搜集、复制、传播或以其他方式使用前述信息。

4.5 企业号用户应当建立信息安全保护制度,包括但不限于:构建完备的企业号管理员体系,合理设定管理员权限;合理选择信息发送的范围及方式;提醒或要求被允许关注的微信用户保护企业信息安全,不对企业号发送的保密信息进行传播或分享;提醒或要求被允许关注的微信用户保护微信账号安全,防止账号被他人使用而导致的信息泄露。

五、特殊功能服务的申请、审核和测试

5.1 微信公众平台会基于本服务而提供相关特殊功能服务,该等特殊功能服务需要你单独提出申请,并由腾讯进行审核确认符合腾讯为此制定的专项规则等标准后,才能为你开通相应功能服务。

5.1.1 在你向腾讯提交特殊功能服务的申请后,腾讯有权对申请予以审核,并有权依据该等特殊功能服务的要求及其他实际情况,独立判断和决定是否同意向你提供该等特殊功能服务以及向你的微信公众账号具体提供功能或权限。

5.1.2 对你的特殊功能服务申请,腾讯将进行审核,如审核通过,将依照本协议以及该特殊功能服务条款向你提供相应服务,同时,你需遵守本协议以及与该特殊功能服务有关的服务条款。

5.1.3 你成功通过腾讯审核,并签署同意相关特殊功能服务条款后,你可使用微信公众平台特殊功能服务。

5.2 微信公众平台提供的部分特殊功能服务可能处于测试阶段,在你申请使用该部分特殊功能服务的过程中,在获得腾讯同意的前提下,有权以测试为目的使用该部分特殊功能服务。

5.2.1 在你提交申请并且通过腾讯对你的测试申请审核后,你可获得微信公众平台后台分配的权限进行特殊功能的联调技术测试,在测试过程中,你可以测试为目的使用部分特殊功能。

5.2.2 测试成果仅供内部功能检测、评估使用,未经腾讯同意,你不得转让该等资格,也不得对测试产生的任何成果进行发布、宣传或任何形式的对外使用,并且应对测试本身以及测试过程中接触到的一切信息进行保密,测试结束后,腾讯有权自主决定你是否可以最终使用该部分功能服务。

5.2.3 你在测试阶段可能会获得腾讯分配的测试账号,但你不得超出腾讯允许的范围使用该账号。

5.2.4 你在测试过程中,若违反本协议、该处于测试阶段的特殊功能服务条款或腾讯的其他要求,腾讯有权立即停止测试并拒绝向你提供服务。

5.2.5 在测试过程中如可能产生费用的,你应自行承担参与测试产生的一切费用。测试阶段结束后,你与腾讯将根据以下原则处理与测试有关的数据及资料:

5.2.5.1 你未能成功申请使用该特殊功能服务的,测试账号停止使用,你应立即删除、销毁所有与测试相关的数据、记录、文件、资料等。

5.2.5.2 你成功申请使用该特殊功能服务的,可使用该特殊功能服务,但你仍应对测试阶段接触的一切保密信息进行保密。

六、用户行为规范

6.1 信息内容规范

6.1.1 本协议所述信息内容是指用户使用本服务过程中所制作、复制、发布、传播的任何内容,包括但不限于微信公众账号头像、名称、用户说明等注册信息及认证资料,或文字、语音、图片、视频、图文等发送、回复或自动回复消息和相关链接页面,以及其他使用微信公众账号或微信公众平台服务所产生的内容,也称"微信公众平台信息内容"。

6.1.2 你理解并同意,微信公众平台一直致力于为用户提供文明健康、规范有序的网络环境,你不得利用微信公众账号或微信公众平台服务制作、复制、发布、传播如下干扰微信公众平台正常运营,以及侵犯其他用户或第三方合法权益的内容:

6.1.2.1 发布、传送、传播、储存违反国家法律法规禁止的内容:

(1) 违反宪法确定的基本原则的;

(2) 危害国家安全,泄露国家秘密,颠覆国家政权,破坏国家统一的;

(3) 损害国家荣誉和利益的;

(4) 煽动民族仇恨、民族歧视,破坏民族团结的;

(5) 破坏国家宗教政策,宣扬邪教和封建迷信的;

(6) 散布谣言,扰乱社会秩序,破坏社会稳定的;

(7) 散布淫秽、色情、赌博、暴力、恐怖内容或者教唆犯罪的;

(8) 侮辱或者诽谤他人,侵害他人合法权益的;

(9) 煽动非法集会、结社、游行、示威、聚众扰乱社会秩序的;

(10) 以非法民间组织名义活动的;

(11) 不符合《即时通信工具公众信息服务发展管理暂行规定》及不遵守法律法规、社会主义制度、国家利益、公民合法利益、公共秩序、社会道德风尚和信息真实性等"七条底线"要求的;

(12) 含有法律、行政法规禁止的其他内容的。

6.1.2.2 发布、传送、传播、储存侵害他人名誉权、肖像权、知识产权、商业秘密等合法权利的内容。

6.1.2.3　涉及他人隐私、个人信息或资料的内容。

6.1.2.4　发表、传送、传播骚扰信息、广告信息及垃圾信息或含有任何性或性暗示的内容。

6.1.2.5　发布、传送、传播谣言、虚假信息或其他含有不实信息的内容。

6.1.2.6　其他违反法律法规、政策及公序良俗、社会公德或干扰微信公众平台正常运营和侵犯其他用户或第三方合法权益内容的信息。

6.2　平台使用规范

6.2.1　本条所述平台使用是指用户使用本服务所进行的任何行为,包括但不限于注册登录、申请认证、账号运营推广以及其他使用微信公众账号或微信公众平台服务所进行的行为。关于微信公众账号运营的具体规则,请阅读并遵守《微信公众平台运营规范》。同时,微信公众平台提供多个接口供用户开发使用,关于接口使用请阅读并遵守《微信公众平台开发者服务协议》及相关接口使用规范。

6.2.2　你不得利用微信公众账号或微信公众平台服务进行如下行为:

6.2.2.1　提交、发布虚假信息的。

6.2.2.2　强制、诱导其他用户关注账号、点击链接页面或分享信息的。

6.2.2.3　虚构事实、隐瞒真相以误导、欺骗他人的。

6.2.2.4　侵害他人名誉权、肖像权、知识产权、商业秘密等合法权利的。

6.2.2.5　填写和提交账号注册与认证资料违反本协议规定,或申请微信认证资料与注册信息内容不一致,以及运营行为与注册或认证信息所公示身份无关的。

6.2.2.6　未能按照微信公众平台业务流程注册和使用本服务,违反本服务功能限制或运营策略,或采取任何措施规避前述流程、限制或策略,干扰微信公众平台正常运营的。

6.2.2.7　未经腾讯书面许可利用其他微信公众账号、微信账号和任何功能,以及第三方运营平台进行推广或互相推广的。

6.2.2.8　未经腾讯书面许可使用插件、外挂或通过其他第三方工具、运营平台或任何服务接入本服务和相关系统的。

6.2.2.9　利用微信公众账号或微信公众平台服务从事包括但不限于欺诈、传销、违法物品营销等任何违法犯罪活动的。

6.2.2.10　制作、发布与以上行为相关的方法、工具,或对此类方法、工具进行运营或传播,无论这些行为是否为商业目的。

6.2.2.11　仿冒、混淆他人账号昵称、头像、功能介绍或发布内容等,或冒充、利用他人名义的。

6.2.2.12　未经腾讯书面许可,自行或授权、允许、协助任何第三人对信息内容进行非法获取,用于包括但不限于宣传、增加阅读量、浏览量等商业用途。"非法获取"是指采用包括但不限于"蜘蛛(spider)"程序、爬虫程序、拟人程序等非真实用户或避开、破坏技术措施等非正常浏览的手段、方式,读取、复制、转存、获得数据和信息内容的行为。

6.2.2.13 未经腾讯书面许可,与第三方达成任何形式的协议、承诺或确认,在微信公众平台发布任何对本服务所提供的任何功能进行排他、排斥、排除、妨碍、阻碍、强制选择等非善意竞争的内容。

6.2.2.14 任何导致或可能导致腾讯与第三方产生纠纷、争议或诉讼的行为。

6.2.3 你在使用本服务的过程中,不得从事包括但不限于以下行为,也不得为以下行为提供便利(包括但不限于为用户的行为提供便利等):

6.2.3.1 删除、隐匿、改变本服务显示或其中包含的任何专利、著作权、商标或其他权利声明;

6.2.3.2 以任何方式干扰或企图干扰腾讯任何产品、任何部分或功能的正常运行,或者制作、发布、传播上述工具、方法等;

6.2.3.3 除无法绕开的内容显示需要外,未经腾讯书面许可,不得以腾讯名义使用任何腾讯商标标识或其任何变体、缩写、改写等;

6.2.3.4 避开、尝试避开或声称能够避开任何内容保护机制,或导致用户认为其直接与腾讯及腾讯相关产品进行交互;

6.2.3.5 除无法绕开的信息内容显示需要外,在未获得腾讯书面许可的情况下,以任何方式使用腾讯 URL 地址、技术接口等;

6.2.3.6 在未经过用户同意的情况下,向任何其他用户及他方显示或以其他任何方式提供该用户的任何信息;

6.2.3.7 在没有获得用户和腾讯明示同意的情况下,擅自以腾讯的名义向用户发布、发送商业广告等信息;

6.2.3.8 为任何用户自动登录到本服务平台提供代理身份验证凭据;

6.2.3.9 提供跟踪功能,包括但不限于识别其他用户在个人主页上查看、点击等操作行为;

6.2.3.10 自动将浏览器窗口定向到其他网页;

6.2.3.11 未经授权获取对腾讯产品或服务的访问权;

6.2.3.12 发布的信息内容中含有计算机病毒、木马或者其他恶意程序、链接等任何可能危害腾讯或用户权益和终端信息安全等的内容;

6.2.3.13 捏造或虚构事实,或未经腾讯书面同意,公开表达或暗示,你与腾讯之间存在合作关系,包括但不限于相互持股、商业往来或合作关系等,或声称腾讯对你的认可;

6.2.3.14 其他腾讯认为不应该、不适当的行为、内容。

6.3 对自己行为负责

你理解并同意,微信公众平台仅为用户提供信息分享、传播及获取的平台,你必须为自己注册账号下的一切行为负责,包括你所发表的任何内容以及由此产生的任何后果。你应对本服务中的内容自行加以判断,并承担因使用内容而引起的所有风险,包括因对内容的正确性、完整性或实用性的依赖而产生的风险。腾讯无法且不会对因前述风险而导致的任何损失或损害承担责任。

6.4 你保证:不对平台、技术接口、本服务数据进行反向工程(reverse engineer)、反向编译(decompile)或反汇编(disassemble);不对平台、技术接口、本服务数据进行内容、功能、逻辑及界面等任何方面的修改;不得将平台、技术接口、本服务数据或业务用于本协议以外目的。

七、账号管理

7.1 微信公众账号的所有权归腾讯公司所有,用户完成申请注册手续后,获得微信公众账号的使用权,该使用权仅属于初始申请注册主体。若进行微信公众平台认证时,该公众账号在账号资质审核阶段提交的用户信息与初始申请注册主体不一致,账号资质审核成功之后使用权属于通过资质审核的用户。账号使用权禁止赠予、借用、租用、转让或售卖。

7.2 微信公众账号密码由你自行设定。腾讯特别提醒你应妥善保管你的账号和密码。腾讯与你共同负有维护账号安全的责任。腾讯会采取并不断更新技术措施,努力保护你的账号在服务器端的安全。你需要采取特定措施保护你的账号安全,包括但不限于妥善保管微信公众账号与密码、安装防病毒木马软件、定期更改密码等措施。当你使用完毕后,应安全退出。你同意在任何情况下不向他人透露账号或密码信息。因你保管不善可能导致账号被他人使用(包括但不限于遭受盗号、密码失窃)或信息数据泄漏,责任由你自行承担。你理解并同意,在你未进行投诉或提出账号申诉等方式明确告知腾讯账号被他人使用或信息数据泄漏等情况并提供相关证明材料前,腾讯有理由相信该账号行为是你使用账号的行为。

7.3 在你怀疑他人在使用你的账号或密码时,你同意立即通知腾讯公司。如果你当前使用的微信公众账号并不是你初始申请注册的或者通过腾讯提供的其他途径获得的,但你却知悉该账号当前的密码,你不得用该账号登录或进行任何操作,并请你在第一时间通知腾讯或者该账号的初始申请注册主体。如果腾讯发现你并非该账号初始申请注册主体,腾讯有权在未经通知的情况下终止你使用该账号。

7.4 你理解并同意,为保护你及其他用户的数据安全,防止用户信息泄露、毁损、篡改或者丢失,腾讯有权对你接入的信息系统实行接入审查,包括但不限于技术水平审查、安全水平审查、主体资质审查等,并根据审查结果向你提出防入侵、防病毒等措施建议。若你的信息系统仍无法符合保护用户数据安全的要求,腾讯有权拒绝或终止提供本服务。

7.5 如你违反相关法律法规、本协议以及专项规则的规定,腾讯有权进行独立判断并随时限制、冻结或终止你对微信公众账号的使用,且根据实际情况决定是否恢复使用。由此给你带来的损失(包括但不限于通信中断、用户资料及相关数据清空等),由你自行承担。

7.6 如果你的微信公众账号被盗、密码遗忘或因其他原因导致无法正常登录,你可以按照腾讯的申诉途径进行申诉。腾讯并不承诺你一定能通过申诉找回账号。

7.7 为了充分利用账号资源,如果你存在长期未完成注册、注册微信公众账号后未及时进行初次登录使用,或长期未登录使用微信公众账号等情形,腾讯有权终止该账号的使用。

八、收费服务

8.1 微信公众平台部分服务是以收费方式提供的(如微信公众平台认证服务等),如你使用收费服务,请遵守相关的专项规则。

8.2 腾讯可能根据实际需要对收费服务的收费标准、方式进行修改和变更,腾讯也可能会对部分免费服务开始收费。前述修改、变更或开始收费前,腾讯将在相应服务页面进行通知或公告。如果你不同意上述修改、变更或付费内容,则应停止使用该服务。

8.3 如你使用收费服务时,需要使用财付通支付科技有限公司提供的支付服务的,应当遵守该等服务的相关协议和规则。

九、数据的储存和使用规则

9.1 腾讯不对你在本服务中相关数据的删除或储存失败负责。

9.2 腾讯有权根据实际情况自行决定单个用户在本服务中数据的最长储存期限,并在服务器上为其分配数据最大存储空间等。你可根据自己的需要自行备份本服务中的相关数据。

9.3 如果你停止使用本服务或服务被终止或取消,腾讯可以从服务器上永久地删除你的数据。在服务被停止、终止或取消后,腾讯没有义务向你返还任何数据。

9.4 本服务涉及的数据中归属于腾讯的数据,除法律法规另有规定外,腾讯享有全部权利,且是腾讯的商业秘密。未经腾讯事先书面同意,你不得为本协议约定之外的目的使用前述数据,亦不得以任何形式将前述数据提供给他人,不得有任何破坏腾讯与其客户之间业务关系的行为。

9.5 你在必要情况下若需要收集、保存或使用微信用户任何数据的,必须事先获得微信用户的明确同意,且仅应当收集为运营及功能实现目的而必需的微信用户数据,同时应告知微信用户相关数据收集的目的、范围及使用方式等,保障微信用户的知情权和选择权。

9.6 一旦你停止使用本服务,或腾讯基于任何原因终止你使用本服务,你必须立即删除全部从腾讯获得的数据(包括各种备份),且不得再以任何方式进行使用。

9.7 除本服务为保障数据安全而采取的各类安全技术措施之外,你应自行对因使用本服务而存储在腾讯服务器的各类数据等信息,采取合理、安全的技术措施,确保其安全性,并对自己的行为所引起的结果承担全部责任。

十、风险及免责

10.1 你理解并同意,为了向你提供有效的服务,本服务会利用你终端设备的处理器和带宽等资源。本服务使用过程中可能产生数据流量的费用,用户需自行向运营商了解相关资费信息,并自行承担相关费用。

10.2 你理解并同意,在使用本服务时,须自行承担如下腾讯不可掌控的风险内容,包括但不限于:

10.2.1 由于受到计算机病毒、木马或其他恶意程序、黑客攻击的破坏等不可抗拒因素可能引起的信息丢失、泄漏等损失和风险。

10.2.2 用户或腾讯的电脑软件、系统、硬件和通信线路出现故障导致的服务终端、数据丢失以及其他的损失和风险。

10.2.3 用户操作不当或通过非腾讯授权的方式使用本服务带来的损失和风险。

10.2.4 用户发布的内容被他人转发、分享,因此等传播可能带来的风险和责任。

10.2.5 由于网络信号不稳定等所引起的微信公众平台登录失败、资料同步不完整、页面打开速度慢等风险。

10.2.6 其他腾讯无法控制或合理预见的情形。

10.3 你理解并同意,用户通过微信公众平台群发的内容可能会被其他用户或第三方复制、转载、修改或做其他用途,脱离你的预期和控制,用户应充分意识到此类风险的存在,任何你不愿被他人获知的信息都不应在微信公众平台发布。如果相关行为侵犯了你的合法权益,你可以向微信公众平台投诉,我们将依法进行处理。

10.4 腾讯依据本协议约定获得处理违法违规内容或行为的权利,该权利不构成腾讯的义务或承诺,腾讯不能保证及时发现违法违规情形或进行相应处理。

10.5 你理解并同意,因业务发展需要,腾讯保留单方面对本服务的全部或部分服务内容在任何时候不经任何通知的情况下变更、暂停、限制、终止或撤销的权利,用户需承担此风险。

10.6 腾讯会根据你选择的服务类型向你提供相应的服务。你理解并同意,基于用户体验、微信或其服务平台运营安全、平台规则要求及健康发展等综合因素,腾讯有权选择提供服务或开展合作的对象,有权决定功能开放、数据接口和相关数据披露的对象和范围,并有权视具体情况中止或终止向存在包括但不限于以下情形的用户提供本服务:

(1) 违反法律法规或本协议规定的;

(2) 影响使用者体验的;

(3) 存在安全隐患的;

(4) 与微信或其服务平台已有主要功能或功能组件相似、相同,或可实现上述功能或功能组件的主要效用的;

(5) 界面、风格、功能、描述或使用者体验与微信或其服务平台类似,可能造成微信用户认为其所使用的功能或服务来源于腾讯或经腾讯授权的;

(6) 违背微信或其服务平台运营原则,或不符合腾讯其他管理要求的。

10.7 你理解并同意,在使用本服务的过程中,可能会遇到不可抗力等风险因素,使本服务发生中断。不可抗力是指不能预见、不能克服并不能避免且对一方或双方造成重大影响的客观事件,包括但不限于自然灾害如洪水、地震、风暴等以及社会事件如战争、动乱、政府行为等。

十一、知识产权声明

11.1 腾讯在本服务中所提供的内容(包括但不限于网页、文字、图片、音频、视频、图表等)的知识产权归腾讯所有,用户在使用本服务中所产生的内容的知识产权归用户或相关权利人所有,订阅号及服务号的用户通过微信公众平台发布的群发信息(以下统称为"公开群发信息")一经发布即向公众传播和共享。

11.2 微信公众平台是一个获取、分享及传播信息的平台,为向所有用户提供更优质的服务,腾讯可能会对微信公众账号的昵称、头像、认证信息、公开群发信息等公开非保密内容在法律允许的范围内进行使用,包括但不限于提供搜索、链接等服务。

11.3 除另有特别声明外,腾讯提供本服务时所依托软件的著作权、专利权及其他知识产权均归腾讯所有。

11.4 腾讯在本服务中所使用的"QQ""腾讯""TENCENT"、企鹅形象、"微信""WeChat"、微信图标及 LOGO 等商业标识,其著作权或商标权归腾讯所有。

11.5 上述及其他任何本服务包含的内容的知识产权均受到法律保护,其他未经腾讯、用户或相关权利人许可的第三人,不得以任何形式进行使用或创造相关衍生作品。

11.6 你理解并同意,你向任何第三人分享、转发、复制微信公众平台信息内容的行为,均应遵守微信公众平台为此制定的规范和标准,包括但不限于展示方式应为该信息或内容的原链接、确保附属于该信息或内容的功能可正常使用等。

11.7 任何未经腾讯书面同意及权利人许可的非法获取行为,均属违法侵权行为。你确认并同意,为及时、有效地保障你基于本服务的合法权益,你授权腾讯在发现你的合法权益(包括但不限于信息网络传播权、著作权等)可能受到侵害时,有权代为向涉嫌侵权的第三人采取法律手段进行维权,授权采取的法律手段包括但不限于发函警告、提起诉讼、申请仲裁、移送侦查机关处理等。

11.8 你仅拥有本协议约定合法使用本服务或腾讯提供相关技术接口的权利,与本服务相关的技术接口、相关的著作权、专利权等相关全部权利归腾讯所有。未经腾讯许可,你不得违约或违法使用,不得向任何单位或个人出售、转让、授权腾讯的代码、技术接口及开发工具等。

十二、法律责任

12.1 如果腾讯发现或收到他人投诉用户违反本协议约定的,腾讯有权不经通知随时对相关内容进行删除、屏蔽,并视行为情节对违规账号处以包括但不限于警告、删除部分或全部关注用户、限制或禁止使用部分或全部功能、账号封禁直至注销的处罚,并公告处理结果。腾讯也有权依照本协议及专项规则的规定,拒绝再向该主体提供服务。微信公众平台认证账号除上述处罚措施外,腾讯有权取消其账号认证身份,并视情节决定临时或永久封禁相关账号认证资质。如果你发现任何人违反本协议规定或以其他不当的方式使用微信公众平台服务,请立即向微信公众平台投诉,我们将依法进行处理。

12.2 你理解并同意,腾讯有权依合理判断对违反有关法律法规或本协议规定的行为进行处罚,对违法违规的任何人士采取适当的法律行动,并依据法律法规保存有关信息向有关部门报告等,用户应独自承担由此而产生的一切法律责任。

12.3 你理解并同意,因你违反本协议或相关服务条款的规定,导致或产生第三方主张的任何索赔、要求或损失,你应当独立承担责任;腾讯因此遭受损失的,你也应当一并赔偿。

12.4 你理解并同意,为及时保障用户合法权益不受侵害,若你的微信公众账号存在权益纠纷,腾讯有权根据情况,采取包括但不限于暂停、冻结该微信公众账号的部分或全部功能等保护措施,直至有权机关作出生效裁判或用户在不违反本协议的前提下协商一致,并由此所产生的一切法律责任均与腾讯无关。

十三、通知

13.1 你使用本服务即视为你已阅读并同意受本协议的约束。腾讯有权在必要时修改本协议条款。腾讯可能会以包括但不限于在相关服务页面展示、网页公告、网页提示、电子邮箱、手机短信、常规的信件传送、你注册使用本服务的账号管理系统内发送站内信等方式中的一种或多种,向你送达关于本服务的各种规则、通知、提示等信息,你可以在相关服务页面查阅最新版本的条款。本协议条款变更后,如果你继续使用微信公众平台服务,即视为你已接受修改后的协议。如果你不接受修改后的协议,应当停止使用微信公众平台服务。

13.2 你同意,任何电子邮箱、手机号码、通信地址等信息错误或其他不可归咎于腾讯的原因,导致你未收到相关规则、通知、提示等信息的,均不影响该等信息对你所产生的法律效力,并且你应受其约束,由此产生的一切后果及责任由你自行承担。

13.3 你也同意腾讯可以向你的电子邮件、手机号码等发送可能与本服务不相关的其他各类信息包括但限于商业广告等。

13.4 你清楚知悉并同意,若你有任何事项需要通知腾讯的,均应当按照本服务对外正式公布的联系方式或渠道系统进行提交,否则,腾讯将无法收到你的通知。

十四、其他

14.1 你使用本服务即视为你已阅读并同意受本协议的约束。腾讯有权在必要时修改本协议条款。你可以在相关服务页面查阅最新版本的条款。本协议条款变更后,如果你继续使用微信公众平台服务,即视为你已接受修改后的协议。如果你不接受修改后的协议,应当停止使用微信公众平台服务。

14.2 本协议签订地为中华人民共和国广东省深圳市南山区。

14.3 本协议的成立、生效、履行、解释及纠纷解决,适用中华人民共和国大陆地区法律(不包括冲突法)。

14.4 若你和腾讯之间发生任何纠纷或争议,首先应友好协商解决;协商不成的,你同意将纠纷或争议提交本协议签订地有管辖权的人民法院。

14.5 本协议所有条款的标题仅为阅读方便,本身并无实际含义,不能作为本协议含义解释的依据。

14.6 本协议条款无论因何种原因部分无效或不可执行,其余条款仍有效,对双方具有约束力。

腾讯公司

附录3 企业号运营规范

一、注册规范

1.1 企业号命名规范

1.1.1 企业号需以"地区"+"企业/机构简称"的格式命名。

1.1.2 企业号认证名称需保证在所在领域具有唯一识别性和客观性,禁止侵权,禁止使用具有夸大性、广告性和误导性的名称。

1.1.3 禁止使用:

1.1.3.1 带民族歧视性的。

1.1.3.2 夸大宣传并带有欺骗性的。

1.1.3.3 有害于社会主义道德风尚或者造成其他不良影响的。

1.1.3.4 有歧义,误导或者侵犯其他用户、第三方合法权益的名称作为企业号名称。

1.1.4 企业简称若为通用名字、短语或词汇的,腾讯有权要求使用完整的企业/机构名称作为认证名称。

1.2 商标与外观规范

1.2.1 微信企业号必须遵守商标、版权等知识产权法律法规以及腾讯关于知识产权使用的相关规则。

1.2.2 使用他人商标、版权等涉及他人知识产权的内容需在账号申请时如实说明,并根据要求提供相关权利证书或授权证明。

1.2.3 非腾讯官方账号,禁止在账号名称、输出内容中出现与腾讯已有知识产权内容相同的字样。任何误导和暗示腾讯公司是该账号运营者;或误导和暗示腾讯公司以任何形式表示认可其质量、服务或与其存在合作关系,而并非腾讯公司运营的企业号将会被拒绝。

1.2.4 不得使用带色情、暴力,违反公序良俗,违反法律法规等非法性质的图形、图案。

二、认证规范

2.1 首次认证

2.1.1 只有完成认证的企业号才能享受完整的企业号功能;未认证的企业号(称为注册号)在接口能力和人数上限上均受限制。

2.1.2 企业申请认证需遵守《微信公众平台认证服务协议》及相关认证规则。

2.2 认证资格的年审

2.2.1 企业号的认证资格需定期进行年审,以该企业号获得首日认证的日期为基准,以自然年为周期计算。年审认证需另行支付审核服务费。

2.2.2　企业号团队将于认证资格到期前的3个月通知企业号管理员;企业号管理员最早可以在认证资格到期前的3个月提出年审申请。

2.2.3　未能在认证资格到期前完成年审流程的企业号的认证状态将会被取消,恢复为注册号,通信录人数上限和接口能力限制与未认证的企业号(即注册号)一致。超过人数上限的通信录账户会被禁用而不会被删除。

三、行为规范

3.1　通信录使用规范

3.1.1　通信录成员必须为企业内部或上下游关联企业的员工。

3.1.1.1　企业应严格保证微信企业号通信录成员的真实性和有效性,通信录成员必须是企业的合法员工或上下游关联企业的合作员工。为了企业自身的信息安全并基于企业号业务性质,请不要录入外部人员(如外部客户等),或通过企业号进行与企业内部沟通无关的活动。违规行为一经发现,腾讯公司有权对该企业号进行封号、销号等处理。

3.1.1.2　上下游关联企业包括:(1)供应链厂商;(2)经销商;(3)外包销售团队;(4)合作伙伴。

3.1.1.3　如需添加上下游关联企业的合作员工,则需在企业规模认证时提交举证如下证明材料:

(1)双方企业合作关系的证明;

(2)上下游关联企业合作员工人数证明。

3.1.2　如需修改通信录人数上限(包括新增或修改上下游关联企业的合作员工数),需重新进行企业认证。

3.2　应用管理规范

3.2.1　企业号应用的使用场景和范围的限制

企业号的应用范围仅限于企业内部员工和上下游关联企业内部员工的移动办公、培训和沟通等相关场景。不得将企业号用于营销、传销、客户关系管理等对外用途以及黄赌毒、危害国家安全和稳定等的非法用途。

3.3　常见违规行为

3.3.1　使用外挂工具非法使用企业号

未经腾讯书面许可使用插件、外挂或其他第三方工具、服务接入本服务和相关系统。例如:利用任何第三方工具或其他方式规避API接口限制策略。

3.3.2　恶意篡改功能行为

有目的性地对公众平台的功能或文字进行篡改,违反公众平台功能的原本用途或意义。例如:在原本显示作者名称(即微信公众账号名称)的位置篡改文字显示。

3.3.3 企业号不得转让以供他人使用

3.3.3.1 企业不得将申请所得的企业号通过任何形式(无偿或有偿)转让给任何公司、组织或个人使用。

3.3.3.2 企业应采用合理有效的防范措施防止他人通过各种手段盗用企业号。

3.3.3.3 企业可以根据自身需求委托第三方管理和维护企业号,但该企业号不得服务于其他公司、组织或个人。

3.3.3.4 一旦发现企业非法转让企业号供他人使用的行为,将对违规企业号进行销号处理。

3.3.4 企业员工账号不得转让

3.3.4.1 企业需采取有效途径定期检查员工账号信息的真实性和有效性。

3.3.4.2 发生员工组织架构变动或离职时应第一时间更新通信录以规避潜在的安全风险。

3.3.4.3 企业应明文禁止企业员工通过任何方式将员工账号转让或出售给其他任何组织或个人使用,并采用合理有效的手段进行监督、防范和惩罚。

3.3.4.4 一旦发现员工账号非法转让的行为,将对相关企业号酌情进行封号或销号处理。

四、内容使用规范

微信公众账号的发送内容需要遵守《微信公众平台服务协议》、相关法律法规的规定。用户发送内容如涉及违反相关规定,一经发现将根据违规程度对公众账号采取相应的处理措施,包括但不限于:

4.1 侵权或侵犯隐私类内容

4.1.1 主体侵权

4.1.1.1 擅自使用他人已经登记注册的企业名称或商标,侵犯他人企业名称专用权及商标专用权。

4.1.1.2 擅自使用他人名称、头像,侵害他人名誉权、肖像权等合法权利。

4.1.1.3 此类侵权行为一经发现,将对违规企业号予以注销处理。

4.1.2 内容侵权

4.1.2.1 未经授权发送他人原创文章,侵犯他人知识产权。

4.1.2.2 未经授权发送他人身份证号码、照片等个人隐私资料,侵犯他人肖像权、隐私权等合法权益。

4.1.2.3 捏造事实公然丑化他人人格,或用侮辱、诽谤等方式损害他人名誉。

4.1.2.4 未经授权发送企业商业秘密,侵犯企业合法权益。

4.1.2.5 首次出现此类侵权行为将对违规内容进行删除处理,多次出现或情节严重的将对违规企业号予以一定期限内封号处理。

4.2 黄赌毒及暴力内容

4.2.1 黄赌毒

4.2.1.1 散布淫秽、色情内容,发送以色情为目的的情色文字、情色视频、情色漫画的内容,或发送色情擦边、性暗示类信息内容;但不限于上述形式。

4.2.1.2 发送组织聚众赌博,出售赌博器具,传授赌博(千术)技巧、方式、方法等内容。

4.2.2 暴力内容

4.2.2.1 散播人或动物被杀、致残以及枪击、刺伤、拷打等受伤情形的真实画面或出现描绘暴力或虐待儿童等内容。

4.2.2.2 出现吸食毒品、自虐自残等令人不安的暴力画面内容。

4.2.2.3 无资质销售或宣传仿真枪、弓箭、管制刀具、气枪等具有杀伤力的枪支武器。

4.2.2.4 出现以鼓励非法或鲁莽使用方式等为目的而描述真实武器的内容。

4.3 危害国家安全和社会稳定内容

4.3.1 反党反共类内容。

4.3.2 危害社会稳定类内容。

4.3.3 涉黑类内容。

4.4 危害平台安全内容

4.4.1 发送钓鱼网站等信息,诱使用户上当受骗蒙受损失。

4.4.2 发送病毒、文件、计算机代码或程序,可能对微信消息发送服务的正常运行造成损害或中断。

4.4.3 恶意高频调用企业号接口发送大容量信息,导致微信服务器受到损害或者中断。

4.5 不实营销性/公关性内容

4.5.1 带有误导性、不真实的营销性或公关性的内容。

4.5.1 过度营销,对用户造成骚扰的内容。

4.6 其他涉及违法违规或违反相关规则的内容

五、数据使用规范

5.1 用户数据的收集和使用

5.1.1 未经用户明确同意,未向用户如实披露数据用途、使用范围等相关信息的情形下复制、存储、使用或传输用户数据。

5.1.2 未经用户同意对内或对外披露用户的相关身份信息(如微信号、手机号等)。

5.1.3 未使用合理有效的安全防范措施(如二次身份鉴权)导致用户数据泄露。

5.1.4 企图进行反射查找、跟踪、关联、挖掘、获取或利用用户微信号、名称、QQ、手机号、电子邮箱地址和出生日期等信息从事与微信企业号无关的行为。

5.2 地理位置数据的使用

5.2.1 在采集、传送或使用地理位置数据之前未通知并获得用户同意的公众账号将会被拒绝。

5.2.2 将基于地理位置的 API 用于车辆、飞机或其他设备的自动控制或自主控制的企业号将会被拒绝。

5.2.3 将基于地理位置的 API 用于调度、车队管理或应急服务的企业号将会被拒绝。

5.2.4 地理位置数据只能用于企业号提供的直接相关功能或服务。

六、第三方开发商服务指引

我们允许并鼓励有资质的第三方集成服务商、云平台服务商参与到企业号的开发、实施、维护和管理工作中来,积极繁荣企业号生态圈,为企业提供更加全面、便捷、安全的服务。

6.1 第三方集成服务商

6.1.1 企业可根据自身需求自行选择第三方集成服务商进行企业号的开发、实施、维护和管理工作。

6.1.2 企业应自行了解并详细评估相关风险,对第三方集成服务商进行明确授权。

6.2 云平台服务商

6.2.1 企业可根据自身需求自行委托云平台服务商对其企业号进行云端安装和管理。

6.2.2 企业应自行了解并详细评估相关风险,对云平台服务商进行明确授权。

6.3 审核、监督和支持

6.3.1 微信官方暂不对此类第三方合作伙伴进行资质审核和监督,企业需根据自身需求评估第三方管理平台的能力及相关风险,明确合作中的权利与义务,维护自身权益。由于此类合作关系造成的数据泄露、服务中断等任何不良后果由企业自行承担。

6.3.2 微信官方不对第三方合作伙伴提供任何特殊技术和服务支持。

第六章 小程序

　　微信小程序是腾讯于 2017 年 1 月 9 日推出的一种无需下载即可使用的应用。用户只要搜一搜或者扫一扫即可打开应用。微信小程序是一种全新的连接用户与服务的方式，它可以在微信内被便捷地获取和传播，同时具有出色的使用体验。微信小程序自 2017 年 1 月 9 日发布以来就是一种基于微信运行的程序。腾讯未来会把微信作为一个移动端 OS(操作系统)，在微信基础上运营一个企业的小程序，用户不需要下载和安装，从而方便用户使用。这会对一些功能比较简单的 App 造成很大的冲击，但是对功能相对比较复杂的 App，还需要制作一个简单版的小程序才可使用。

6.1 基础篇

● 什么是小程序

　　"微信之父"张小龙是这样解释的：小程序是一种不需要下载，安装即可使用的应用，它实现了应用触手可及的梦想，用户扫一扫或者搜一下即可打开应用，也体现了用完即走的理念。用户不用关心是否安装太多应用的问题，应用将无处不在，随时可用，但又无须安装卸载。这是我对未来应用程序的形态的希望。在未来这样一种应用程序的形态里，我认为所有应用程序应该是无处不在但又可以随时被访问的状态。我希望小程序可以被所有用户所使用，也希望从今天开始，能够有更多企业把他们的服务变成小程序的形态，提供给所有微信用户使用。

　　我们如何能找到微信小程序？打开"微信"，点击"发现"，就会发现最下面增加了一行"小程序"(图 6-1)。

图 6-1

微信小程序究竟是什么？说白了，就是将你手机里的 App 全部装到微信小程序里了(图 6-2、图 6-3)。

图 6-2

然后你的手机界面就是微信一统天下，如图 6-3 所示。

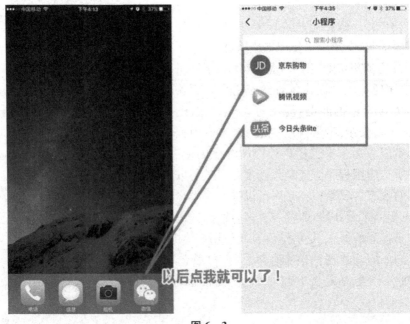

图 6-3

• App 和小程序有什么区别

好像每一次具有时代颠覆性的产品初步面世的时候总会有许多质疑的声音,微信小程序也未能幸免。微信小程序刚刚发布时,许多创业者想当然地以为这又是一波流量红利、爆发性风口,于是匆匆赶着小程序开发上线,往往在运营一段时间后数据惨淡,便对微信开发中的小程序市场失去信心。

从产品开发的角度来分析,微信小程序与原生 App 到底有哪些不同呢?作为一个想尝试进入微信小程序市场的开发者,又应该如何思考?

让我们跳出固有的原生 App 开发思维,重新思考小程序的定位。

小程序真的是介于公众号和 App 之间的鸡肋吗?其实并不是小程序用处不大,而是太多人没有找准自己的小程序定位。虽然张小龙那句"用完即走"的产品理念已经被媒体翻来覆去提过很多次,然而绝大部分守旧的开发者仍然将思维禁锢在以往原生 App 的产品开发理念当中。

随便打开我们手机上的一些常用 App,我们都可以观察到如今 App 的一些主流设计理念:抢眼的首屏欢迎页,至少三个按钮以上的底部导航栏,多层级的栏目分类,隐含各种热门关键词的搜索框,有些甚至还搭建了复杂的用户管理中心和社交功能……一个完整的 App,必定是将尽可能多的功能糅合在一起,聚合成一个解决大多数用户主流需求的服务平台。

可是,如果将这样的产品理念带到微信小程序的开发中,很多问题就出现了。小程序本来就是内置于微信这个超级 App 上的应用,如果一个小程序还附带好几个功能,那对用户来说反而会变成累赘。

微信小程序应该聚焦某个功能点,成为随时解决用户单一需求的工具。

微信小程序的定位真是如此吗?我们不妨用微信官方的一个小细节加以佐证:在微信小程序的注册界面中,我们可以发现,企业业务资料说明里有一句提示,即每个组织可认证 50 个账号。看到这句话,也许很多人会有疑惑,一家企业真的需要注册这么多小程序吗?这个数量看似很让人不解,其实它恰好体现了微信对小程序的定位。

一家中小型互联网企业,一般情况下只需要开发和运营一个原生 App。因为一个原生 App 不仅可以展示丰富的内容,还可以集各方面的功能于一身,所以一个原生 App 就能将一家企业的产品和服务完整地展现出来。

而如果开发一个微信小程序,就不需要太多的功能和内容。企业应该将自身的产品服务拆分成一个个单独的功能,而每个小程序分别对应不同的功能。只有这样,用户才能在某个特定的场景,不受其他无关信息的干扰,快速找到解决某个需求的小程序。

很明显,微信希望每个小程序在具有一定联系的情况下,可以保持相对独立。只有这样,微信小程序才能真正做到"用完即走"。所以,微信小程序应该是一个聚焦某个功能的工具,而不是一个繁杂散乱的平台。用户需要小程序可以即刻解决自己的单一需求,而不是在它上面消耗过多的时间。

1) 客户在店门口被隔壁老王用小程序"劫走"了

微信小程序是一款适合现代商业运营的轻应用,也是唯一可以垄断10亿微信用户与商户企业连接的商业级的应用程序。以前,我们手机上是满屏的App。现在,小程序的快速发展,使得其开启了又一个刷屏的时代。

不得不赞叹,每一个新事物的来临,都会带来新的商业风口,微信小程序就是移动互联网创业的一次机会。如果错过了这次机会,移动互联网真的会与你擦肩而过了。

在2017年上半年的时候,很多人根本就不知道小程序,商机来的时候看不见。当初看到有人在网上卖手机的时候,很多人不在意、看不起,然后就发现,自己的客户全被电商抢走了。

现在,已经有不少人通过小程序赚钱了,但很多人仍然看不懂,也没有深入研究;再过一年,隔壁老王都开始做了,自己也想做,结果发现来不及了,因为竞争对手已经把市场洗了一遍。

市场唯一不变的是变化,搭载小程序的风口,"猪"也会飞。看到别人上线了小程序你再上,一定会被市场淘汰。先做是主动出击,后做是被动挨打。

有了小程序,实体店就可以直接对接微信10亿的用户。客户可以在家刷着微信,进店浏览产品,从选款到在线沟通咨询,一直到下单成交,客户没必要浪费时间到各个实体店挨家挨户选款,下单后只需到实体店取货或等待店铺配送即可。更重要的是,现在在微信上面开店的人还是比较少的,现在不抓住机会,更待何时?

有了小程序,客户未出门,就已经锁定成交,这就是优势;没有小程序,客户根本不会进你的门店,你也没机会做销售;我们改变不了客户消费路径,但我们可以改变自己来做铺路引流。主动出击和被动挨打,你愿意选择哪一种?

在小程序已开放的功能中,商家可利用"附近的小程序""小程序码""关联公众号""社交分享"等功能从线上线下导流。

想象一下,当你推出了自己的小程序,店铺附近5公里内的人都可以在"附近的小程序"中看到你的小程序。客户进入小程序就可以查看,满意就可以直接下单或者到店购买,这叫"流量无中生有"。

当客户离开这个范围后,依然能在小程序列表中看到你的小程序,加深印象,喜欢就星标收藏或添加到桌面,方便再次使用,这叫"持续追踪流量"。

继续想象下去,当客户穿着从你店里买来的衣服出门,她朋友夸赞好看并问她在哪里买的。这时,客户说不上来具体位置,肯定会将小程序推荐给好友,这叫"流量生流量"。

未来拼的不是努力,而是选择;未来拼的不是墨守成规,而是适应局势。商机不会等待犹豫不决的人,商机只会赋予有远见的人。实体店鏖战时代已经结束,小程序会带你进入盈利新大陆。只有借势取利搭载时代快车,才能打胜仗。

"借势"一词一直在我们身边,只是我们没有留意。手机店经常搭载运营商平台,做一些让利促销,如:手机免费送,存话费送手机等。借运营商的势赚运营商的钱,借运营商的政策获取房补和高额补贴。

除了借运营商的平台以外,开专卖店还要借品牌厂家的势,如:开华为专卖店借华为的新品首销资源,获得的利润比常规手机高一倍;开苹果专卖店借苹果新品首销资源,赚首销的利润;依托厂家品牌获取房补,减轻运营成本。以上这些都是借势取利的运营之道。

小程序来了,是借势取利还是让道被竞争对手借势,答案不言自明。

不是我们改变了,是客户消费需求改变了,客户消费入口改变了;客户在线看不到你销售的手机、配件以及优惠活动,再优秀的导购员也束手无策,再好的人才梯队也只能唉声叹气。

小程序势如破竹,各行各业实体店顺势而为,纷纷搭载小程序这趟快车。手机店搭载小程序就像搭载动车;相反,没有搭载小程序就像骑自行车。两者的目的地相同,赚钱速度却不同。

2)微商/电商为什么要做小程序

点击小程序内的搜索框,会出现"历史记录",经测试发现里面可以存储 20 个小程序搜索记录。

注意:这个与小程序历史记录不一样,如果大家用过淘宝、京东、百度搜索,就知道这是什么。这也意味着,现在小程序正在往个性化展现发展,也就是淘宝所谓的"千人千面"。

有经验的玩家肯定知道,这也就意味着,小程序的搜索红利也即将出现,越早做小程序、越早积累历史用户的小程序玩家将越占优势。

很多淘宝/微商的朋友都在问,我有微店/淘宝商城/京东商城,现在微信小程序出来了,我有没有必要做小程序呢?

其实答案很简单,小程序为电商行业提供的机会明显更大,为什么不做呢?

(1)更低的交易成本。

小程序的成本远远低于传统的 B2C 商城,店主入驻京东和天猫一般需要支付多种费用,以京东的服装品类为例,店主需要支付平台使用费、保证金、交易费。而在小程序上开商城,涉及的费用通常只有两项:店铺建设和微信支付的费用。对于一个商家来说,他有足够的动力把老顾客的"重复购买"(例如30%)或者是老用户引导到小程序商城中,多出来的利润,算起来将会是一个很可观的数字。

(2) 交易盘子不输京东、天猫。

2017年,京东和天猫(不算淘宝)B2C业务的交易量,加起来大概两万亿元。未来,小程序商城的交易量,可能会占到这个盘子的三分之一,原因就在于小程序的交易成本远远低于传统电商。虽然这样说目前还为时尚早,不过我们不妨假定一下,如果这个判断成立,那么未来通过微信小程序的B2C交易量将超过六千亿元,除掉微信分掉的0.6%,仍是非常大的市场体量。

(3) 与零售、O2O相比,小程序更加标准化。

首先,行业内有足够多的人才和经验积累,大家对于电商的了解比较深;其次,就是相对于零售和O2O这种线下服务来说,电商标准化程度更高,小程序渗透速度更快,电商企业可以借助微信的整个社交关系链进行传播。

(4) 交易环节优势明显。

在小程序出现之前,微信里的商城通常用H5(HTML 5,超文本标记语言5)制作,用户在第一次打开的时候一般比较慢,这一点跟小程序差不多。不过,在第一次打开之后,两者的体验差异就会显现出来。由于HTML 5的网页属性,每次打开新的页面都需要重新加载;而小程序商城在第一次打开之后,再打开会流畅不少。

(5) 支付亮点多。

小程序商城需要申请微信支付,现在申请微信支付需要营业执照,要么是企业,要么是个体商户,个人是无法申请的。而HTML 5商城的支付接口一般是由第三方提供的。

两者有不同的特点:

① HTML 5商城可能很多是个体微商,小程序商城只能是企业,小程序对客户的保障性更好。

② HTML 5商城在交易完成后,钱先给到第三方平台,之后再分给商户,这中间可能有一定的时间间隔。而小程序是通过微信支付交易,在交易完成后,钱直接到打商户的账户上(扣除微信0.6%的分成)。账期相对更短,这相当于一个较大的升级。

(6) 流量来源更多样

在HTML 5商城时代,真正做微商挣到钱的人无非两类:

① 通过朋友圈做分销(甚至违法传销);

② 大的自媒体/公众号。

前一类难免存在违规,或者是把熟人坑了一把。后者则多依赖大的自媒体/公众号。他们之所以可以从电商那里获益,在于他们有源源不断的"一次性消费"流量,比如通过爆款文章、公众号底部选项卡,或者文章内的二维码获利,但用户一旦将其关掉,就很难再找到入口,很难产生重复购买。

另外,也有些人会把用户引导到天猫、京东上完成购买。小程序现在提供了很多免费的流量入口,比如"好友""社群""附近的小程序"等,小程序与公众号的关联也更为完美,小程序嵌入公众号的方式也让用户的整个阅读体验不一样,交易流程也更为顺畅。

(7)"搜索广告"与"公众号插播小程序"。

第一,店主可以很方便地监测广告效果,用交易作为最终标准;第二,这可以给电商类小程序带来更多的流量来源,除了"附近的小程序"等功能免费获得的流量外,小程序商城还可以通过购买来获得流量。

(8)用户渗透率更高,教育零成本。

微信作为国民应用,其生态已非常完善,无论是对城市用户还是对农村用户,对成年人用户还是对未成年人用户,都无需再做用户教育。此外,由于用户的习惯已经形成,很多传统电商无法渗透到的中老年群体、农村群体,也可以通过微信小程序直达,这是小程序的一个很大的优势。

(9)去中心化。

小程序零售也有相当大的机会。因为"附近的小程序"功能就相当于给线下零售门店添砖加瓦,线上线下界限逐渐模糊,这也可以理解为是新电商的形态,是现在大家都在谈的"新零售"。

3) 微信小程序这11个优势,足以称霸未来

微信小程序的11个优势如下:

(1) 相互转化。

首先,其可以利用公众号往小程序导流,然后利用小程序活跃公众号粉丝,让粉丝更加值钱。

(2) 更多的营销。

在公众号内无法实现的营销手段,现在可有效借助小程序来实施。而对于传统商家想转战电商而言,小程序则提供了更多的可能。

(3) 更低的成本。

淘宝、天猫、京东已经饱和,现在如果再进入这些战场,成本相对高昂(平台使用费、保证金、砸流量、平台抽成),不是一般商家能承受的,所以微信对他们而言是

一个不错的切入口。

(4)更高的效率。

微信生态目前已经相当完善,无需做高成本的用户教育;小程序强大的渗透力可以轻而易举地融合连接诸多场景;而且用户购买使用之后,在历史菜单可以找到相应小程序,路径大大缩短。

(5)更多的流量。

微信目前有10亿用户,小程序与公众号的完美衔接可以最大限度地导入流量。另外,小程序还提供很多免费的流量入口等。

(6)去中心化。

去中心化,简单的例子就是阿里巴巴集团让自己变成了大象,用户还是蚂蚁,而腾讯是准备武装打造一群超级蚂蚁。平台的用户永远属于平台,握住自己的用户才是王道(图6-4)。

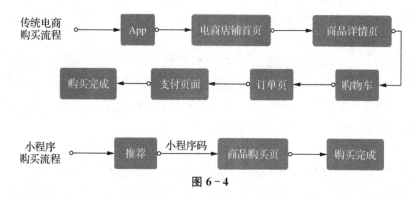

图6-4

(7)个性化开发。

传统企业,尤其是中小型企业,完全可以根据自己的需求,去开发更契合自己需求的小程序。

(8)更多的功能。

据不完全统计,截至2018年年初,已经至少有97项功能更新,支持公众号群发小程序、附近小程序、微信群小程序等多种入口。

(9)更多的入口。

现在小程序的入口已达50个之多,在这里给大家列几个主要的入口:

微信直接搜索、附近的小程序、小程序分享、小程序服务消息、QQ浏览器搜索、小程序固定桌面、公众号广告等入口(图6-5、图6-6)。

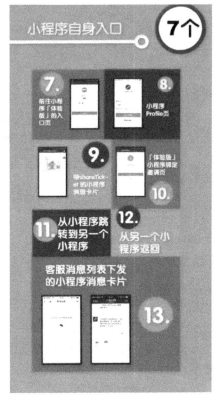

图 6-5　　　　　　　　　　图 6-6

（10）更容易传播。

小程序的应用场景很普遍，也很多元化，其建立在微信的基础上使用户能够更简捷地交流，熟人推荐则成为小程序电商的一个重要客户来源。例如，你在这家店买了东西，然后把这家店分享给亲朋好友，从而促成更多的交易。同时，这也会降低用户对店家的不信任度，从而加大成交的概率。

小程序＋电商的结合有太多可能性，让用户从逛到买，说难也不难，无非是更考验运营能力。微信小程序上线至今，入口不断增加、功能持续迭代。很多创业者看中了其中的商机，渴望抓住小程序这波超强红利。

（11）更多赚钱的方式。

通过小程序，可以实现纯粹的小程序创业、可以做对应的内容收集及分发、可以通过提供技术服务、可以做内容电商、可以玩转社群电商、可以做 O2O 服务、可以做小程序周边服务……

总之，通过小程序能够实现多种多样的赚钱方式，而这些，目前众多用户都在一一验证，并且相当一部分已经成功赚到了可观的利润。

4) 8个"易"字,说透了为什么要做小程序

小程序的价值是什么?为什么要做小程序?其实用8个"易"字就说透了。

(1) 易开发。

小程序的开发难度比 App 低至少一半,小程序还能跨平台,且具有接近原生的体验,大幅减少了应用开发的人力,降低了创业门槛。

(2) 易更新。

小程序基于 Web,可以即时更新(如不考虑微信的审核),有效加速产品的迭代。

(3) 易互通。

小程序之间通过链接就可以相互协调、传递数据。

(4) 易搜索。

小程序中的数据方便搜索引擎索引,可以打破 App 信息孤岛。

(5) 易使用。

应用无需安装卸载,即点即用。

(6) 易传播。

小程序的优势除了流量更大之外,还有着其他产品没有的传播量的优势。心意贺卡在前一段时间可以说是火爆了朋友圈,这个小程序的企业 CEO 表示,在他们的小程序上线的那天,一瞬间就有超过 20 万用户的点击量,服务器没有承受住压力直接崩溃,当天就有超过 100 万的用户点击量。换作在其他平台是绝对不会有这么大的传播量的。微信依靠着自身的资源,给企业提供了一个具有足够传播量的平台。

(7) 易推广。

利用微信强大的社交流量,获得客户的成本低且更精准。

(8) 易变现。

微信支付的基础设施已经搭好,用户的支付习惯已经养成,微信的广告生态也日益成熟。

在腾讯未来的生态圈,是绝对少不了小程序的。未来,小程序、订阅号、服务号、企业号是一个并行的体系,这也就意味着腾讯是把小程序作为微信的一个重要组成部分的。不知道未来小程序还会如何发展,但是现在可以确定的是,小程序有着其他产品没有的生态圈场景,这也是小程序最重要的优势。

总结:创业的本质就是做生意,既可以使成本最小化又可以直接产生收益的,就是最优的选择,而小程序就是一个可以实现这样的目的的产品。

5) 小程序最大的入口是搜一搜,如何占据这个大入口

一般来说,我们搜索的关键词主要包含两个:搜索关键词(搜索某关键词点击产品)、成交关键词(搜索某关键词最终成交)。

曾有句话是这样说的：域名比 CEO 更重要！今天的小程序关键词就好比当年的域名，用好合适的关键词可能给宣传节省不少开支，而且一般来说，好的关键词更容易被大众搜索。一个好的、合适的关键词还有利于塑造产品形象，抢先注册关键词能带来具有绝对优势的影响力和宣传力。从某种意义上来说，花些钱做好小程序，抢先注册关键词是非常值得的。

小程序从一开始仅支持全名称搜索，到后来支持模糊搜索，再到支持自定义关键词搜索，其不断进阶的搜索功能有效降低了小程序触达用户的门槛，同时也提升了小程序的推广效果。然而，如何设置关键词才更有效？搜索策略你又知道多少？今天我们来看一下如何设置好你的小程序关键词，让排名靠前不再是问题。

进阶粉丝可以直接从第三部分开始看起。

（1）小程序自定义关键词功能须知。

① 谁能用。

有过正式发布版本的小程序可以使用"自定义关键词"功能。

② 能添加多少。

目前，小程序的自定义关键词最多可设置 10 个，支持每月修改三次，每次审核时间为 7 天。

③ 搜索排名规则是什么。

关键词的设置需与小程序本身的业务相关，必须是小程序所提供的服务，或者是小程序提供服务的品牌。审核通过后，小程序的自定义关键词会与小程序服务质量、用户使用情况、关键词相关性等因素一起影响搜索结果。

④ 如何统计分析结果。

可在小程序后台的"推广"模块中，查看通过自定义关键词带来的访问次数。

（2）小程序关键词搜索排名规则。

① 小程序上线时间：越早上线，优势越大，曝光次数越多(5%)。

② 描述中完全匹配出现关键词的次数越多，排名越靠前(10%)。

③ 标题中关键词出现 1 次，且整体标题的字数越短，排名越靠前(35%)。

④ 微信小程序用户使用数量越多，排名越靠前(50%)。

（3）提高排名和增加点击率的方法。

也许有人会问，开放自定义关键词后我的小程序就能轻松被发现了吗？没有那么简单。且不说关键词名额只有 10 个，读懂它的搜索规则才能更好地助你达到事半功倍的效果。小程序关键词配置生效后，会和小程序的服务质量、用户使用情况、关键词相关性等因素共同影响搜索结果。

① 服务质量。

简而言之，服务质量就是"你用小程序用得爽不爽"。如果一家小程序能够快速地满足客户，它的体验度越好，就意味着它的服务质量越高，在关键词搜索上获得的曝光率就越大，反之亦然。例如，在电商行业，你的小程序能够让客户快速找到他想要的，并且为之买单，这就是最关键的指标。

此外，小程序的服务质量跟加载速度、页面布局、交互设置等相关，所以不建议小程序大而全，否则，还叫什么小程序呢？这就督促开发者好好鞭策自己，提升小程序的服务质量。

② 用户使用情况。

用户使用情况由用户使用频率等客观数据决定，在后台的推广模块可以看到。根据用户的使用情况、访问次数等数据，商家可以对小程序搜索进行优化：提升产品或者变换关键词。与同类性质的小程序比，用户对你家的小程序使用率越高，你上热搜的可能性就越大。

③ 关键词相关性。

关键词相关性指的是关键词与小程序所选行业和服务具有相关性，关键词的相关性越高，搜索的结果就越好，反之亦然。

如果一个做餐饮的企业选择了一个服装业的关键词，那搜索的结果就不会太好。商家要想做好小程序关键词推广，就要思考用户关键词的搜索套路，建议在设置关键词时从行业的定位、目标用户的特征出发。

（4）关键字如何布局。

小程序的排名展示页，分别是小程序图标、名称以及详情介绍。所以为了获得更大的点击率，图标得与选取指数最大的关键词相关，不用太刻意修饰，除非是截取品牌图标做高仿号增加用户的信任度，建议在前期都以关键字作为图标。

① 微信小程序的标题或描述最好由地域名、品牌词或核心关键词等组成，这样符合一般大众搜索的规律。

② 尽可能选择短词、指数大的词。从关键词本身来说，有品牌词、竞品词、产品词、人群词等，目前小程序还没有形成强有力的品牌概念，所以建议选取一个品牌词即可，其他名额按需留给其他词。例如现在排名靠前的小程序，就插入了相关产品词或竞品词，如"优惠券""购物""京东"等这些用户使用频率较高的词语，当用户搜索这些词时，这个小程序就能有展现的概率。

③ 另外，详情介绍文字增加一些活动或吸引人点击欲望的行动词，增加一些特殊符号和表情，这相当于优化推广的创意。

（5）添加关键词注意事项。

填写小程序自定义关键词时，开发者一定不能忽略两个参数：关键词填写数量和审核日期。每个小程序最多可以输入 10 个关键词,这 10 个关键词必须一次性添加后再提交审核。假如仅添加了 1 个关键词就提交,那就只能等 7 个工作日的审核时间,通过后才能再添加其他关键词。这样一来,不但时间成本高,还可能会错过流量红利巅峰期。还有,关键词只能 30 天修改一次,所以,关键词添加需谨慎。

(6)注册关键词需要注意以下三点:

① 把握产品流行趋势。如果投资者能够准确关注到大众搜索趋势,那么抢注的关键词带来大流量的概率就会很大。

② 掌握产品的差异特征。说得简单通俗点,就是当用户搜索到同类产品时,你的关键词相比之下会让人有眼前一亮的感觉。

③ 关键词的战略定位。每一个关键词的设定不是靠盲目跟风就能成功的,而是要准确定位,根据产品的功效和市场的需求来围绕品牌进行战略性设定。

6) 关于小程序,实体店必须知道这些

对于刷爆了朋友圈的小程序,传统企业实体品牌零售需要知道哪些?

小程序不只是工具,而是一种新商业方式,它的出现会进一步加速移动互联网对传统商业的变革。

(1)小程序的定义。

小程序是基于微信生态,无需下载,随手可得,用完即走,无需卸载的一种应用程序。

(2)小程序的展示方式。

① 确实比 App、公众号的展现方式更加直接,也更容易让用户接受。

② 小程序是基于 HTML 5 技术实现的,但因为它是建立在微信原生基础上的,其整个体验比纯 HTML 5 页面好。

③ 数据在云端,无需安装,不占内存,也不用强制关注,即扫即看即用;用完之后,小程序按照浏览时间自动排序,简单方便。

(3)小程序入口。

小程序入口在哪里,流量就在哪里。

① 线下扫码,小程序最基础的获取方式是扫描二维码。大家可以打开"扫一扫",通过微信扫描线下二维码的方式进入小程序(图 6-7)。

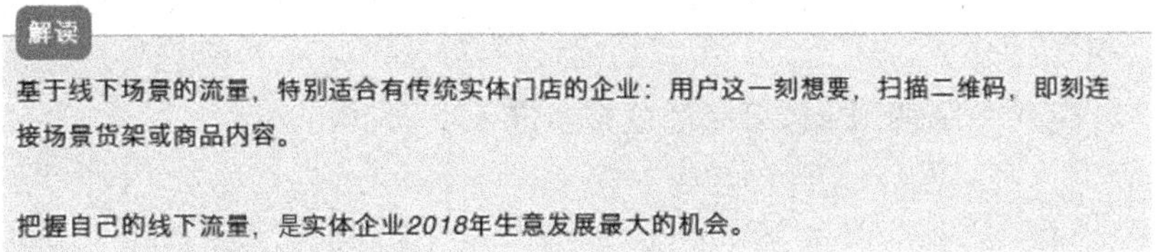

> **解读**
> 基于线下场景的流量,特别适合有传统实体门店的企业:用户这一刻想要,扫描二维码,即刻连接场景货架或商品内容。
>
> 把握自己的线下流量,是实体企业 2018 年生意发展最大的机会。

图 6-7

② 微信搜索,在微信客户端最上方的搜索窗口,你可以通过搜索获取一个小程序(图6-8)。

> **解读**
>
> 微信之父张小龙在15日的微信公开课上面也重点强调了,微信搜一搜将是最重要的入口。
>
> 其本质也是在培养用户在微信生态的搜索习惯。小程序可以放在安卓手机的桌面,可以出现在首页,方便消费者的重点关注。
>
> **换句话说,就是微信把整个客户端最好的广告位免费拿出来给你了。**

图6-8

③ 公众号关联,同一主体的小程序和公众号可以进行关联,并相互跳转,该功能需要经开发者自主设置后使用。

一个公众号可以绑定13个小程序,但一个小程序可以被500个公众号绑定。你可以通过公众号查看并进入所绑定的小程序(图6-9)。

> **解读**
>
> 公众号作为企业流量池,应用地位不会被取代,但是区别在于消费者不需要先关注公众号,再点击下面菜单,再填自己的身份信息那么麻烦,而是可以直接获取服务。用户商品和服务的效率进一步提升,且不需要再关注一大堆不感兴趣的公众号,消费者会越来越朝自己喜欢的品牌和社群集中。
>
> 你可以细化的核心场景,每一个场景都可以是一个小程序。当然,通过小程序也可以进入所关联的公众号,两者是打通的,用户数据也是同步的,且由同一后台管理。

图6-9

④ 好友推荐,当你发现一个好玩的或者实用的小程序,可以将这个小程序,或者它的某一个页面转发给好友或群聊(图6-10)。

> **解读**
>
> 这个点是一个重要的商业创新,即信息越来越对称,口碑会越来越替代营销推广,价值原点回到好的产品和服务,朋友圈不能分享,只能分享到个人或者社群,你的东西真的好,我才会推荐。
>
> 所以新零售,场景和爆品思维,用产品换流量直接带来转化将成为实体零售运营关键。

图6-10

⑤ 历史记录,当你使用过某个小程序,在微信客户端的"发现→小程序"里的列表中,就可以看到这个小程序,想要再次使用它时,通过列表中的历史记录就可以进入(图6-11)。

在"发现→小程序"中,也可以通过搜索进入小程序。

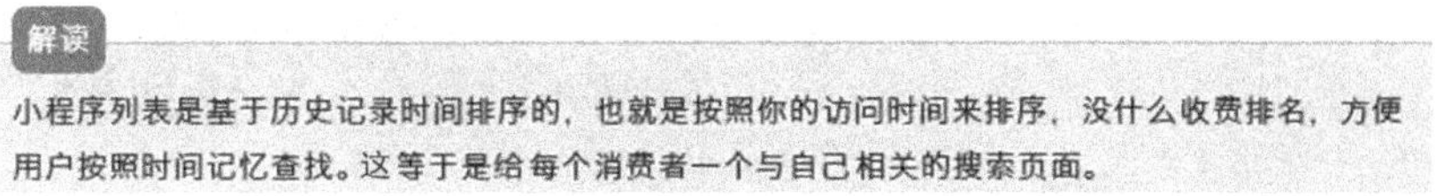

> **解读**
> 小程序列表是基于历史记录时间排序的,也就是按照你的访问时间来排序,没什么收费排名,方便用户按照时间记忆查找。这等于是给每个消费者一个与自己相关的搜索页面。

图 6-11

7) 小程序:解放商家,无需买流量、无需交房租

移动互联网普及之后,一大批的商家在手机上做生意,如今那些最早涌入新兴市场的人都赚得盆满钵满。

大多数的商家做电商,都是借助一些大的电商平台来做,比如借助天猫、淘宝、美团等。电商是做起来了,但有一点需要注意的是,那些客流量其实都是在这些电商平台上,而不是入驻商家自己的客流量。如果忽然在某一天,这个平台修改规则,那么,入驻商家的客流量就会受到影响。而小程序就不一样了,它就是属于商家自己的,它是独立存在的,一旦开通,商家便有了永久拥有权。马化腾说,我们不会让你来我这儿租柜台做生意,而是你自己建这个房子,建完以后就是你的,你的粉丝、你的客户以后就是你的了,不需要再交月租,不需要每年涨价,这就是去中心化。

优惠价、会员卡、双十一、圣诞节活动都可以由商家自己来定。拼命吸引来的客流量也不用担心有一天会随着平台的规则变动而全部流失。

上线了小程序,就相当于在瞬间拥有了一个完整的商城系统。

小程序电商的优势:

(1) 覆盖广——线上线下联动传播。

(2) 效果好——受众精准、反馈速度快、互动性强、消费会员体系庞大。

(3) 成本低——相同的广告效果,其投入成本只是传统广告投入的百分之一或更低。

(4) 功能强——广告展示、在线消费、自动定位、自动搜索、在线互动、在线娱乐应有尽有。

小程序的社交立减金玩法则开启了消费者下一次进入程序的可能,能够帮助用户再次回到小程序中进行消费。现在,微信已经全面开通了社交立减金,任何商家都可使用。

通过用户分享社交立减金的行为,可以吸引更多用户来到小程序平台进行消费,此外社交立减金也让小程序—卡包—钱包等使用流程更顺畅,能够更好地刺激微信用户的移动购买能力(图 6-12)。

图 6-12

除了公众号菜单、朋友圈和微信群以外,小程序还有专门的小程序入口、搜一搜、支持长按二维码识别、支持微信钱包卡券、支持会员卡直接打开小程序等功能。

通过用户在"搜一搜"中输入商品关键词,搜索列表就会出现以小程序为载体的商品结果,点击该结果就可以直接跳转到电商小程序的商品链接。这样以后微信 10 亿的用户流量,就可以跟电商更紧密地捆绑在一起,激活这些社交用户的消费潜力。由此可见,基于微信庞大的用户群体的小程序生态圈也必然是潜力巨大的。

无论是移动支付能力还是庞大的移动社交流量,都让微信电商成了淘宝不可小觑的重要对手。看起来,下半场的移动电商,还有一场硬战要打。

8) 小程序是什么?是你最熟悉的陌生人

如果你对互联网并不那么敏感,那最近刷满屏的张小龙和小程序是什么,你不一定会知道。但是,此时此刻刷着微信玩着"跳一跳"的你,其实与他和它早已经是"最熟悉的陌生人"。

作为社交软件,微信在我国可称得上是一家独大,10 亿的月活量让其他所有的手机软件难以望其项背,也让小程序从一开始就跻身于微信如此宏大的流量红利之中。正因为如此,小程序获取客户的能力也就更加强大。

更重要的是,微信开放了自己的权限,让商家能够把这些客户紧紧地抓在自己手里,通过对手中客户进行计算分析,商家可先一步预测客户需求,从而进行下一步部署,轻松控制库存等,实现盈利。

- 如果腾讯QQ改变了人们PC时代的信息交流,那么微信则是改变了人们移动互联网时代的社交生态。
- 如果公众号改变了中国的媒体业结构,那么微信小程序或将改变中国的商业模式。

随着入口及功能的逐渐完善,小程序在2018年初,可谓是开了个极好的头。大量企业开始纷纷涌入小程序市场,摩拳擦掌地准备在这蓝海红利期,率先抢占一席之地。

触手可及的小程序给人们带来了巨大的商业价值:

- 对商户来说,小程序位于我们每天都要使用的微信上,可以低成本地从微信中获取用户,同时不用给微信交平台费。小程序将成为展示与营销的主战场,是商户的首选,外卖订餐系统在线交易,资金直达账户无平台抽成。
- 微信有10亿活跃用户,你的家人、朋友甚至全国人民都在用。而小程序是微信的战略级产品,重要程度和推广力度超过曾经的朋友圈、公众号。
- 小程序体验与App相近,同时免下载、免安装、免注册,随手可用,随处可见。小程序将取代手机上80%的App,它是用户的首选。

微信小程序的传播和推广功能,极为特别。在微信生态环境中,以人为本,以人为主。通过微信小程序进行人与人之间的连接、人与货之间的连接、人与店之间的连接;通过微信小程序让商家连接线上线下。微信小程序可以无限制引流,直接触达用户,扩大营销渠道。

无论是什么行业,无论是什么形态,在互联网高速发展的今天,无论是用户还是商家,无论是在线上还是在线下,能够打通渠道、链接一切才能获得更多的流量引导,才能获得更多的信息,才能获得更多的商机。

由于微信小程序巨大的商业价值以及市场前景,随着微信小程序的快速发展、各项功能以及接口的开放,将会有越来越多的商家企业布局小程序市场,争先抢占微信小程序的流量红利。趁着小程序的流量红利,敢想敢做的商家一定会让自己的生意翻番。

9) 小程序:今天你可以对我爱理不理,但明天的我你绝对高攀不起

2018年刚刚开始,社交电商已经从零售的舞台边缘开始往舞台中心进发。基于社交、社群运营的零售形态,已不是"是否有未来",而是"未来已上车"。

从2016年甚至是更早的时候开始,传统的企业、品牌、电商都面临了用户的审美疲劳、线上流量红利终结的瓶颈。在这种情况之下,大家更加迫切地想挖掘微信

巨大的流量池。

7年，微信创造了无比丰沃的、牢固的土壤，让万事万物在其上自然轻松地成长，进化生态已经生成。可以说，从社交电商这个概念刚被提起的时候，众多品牌、企业就看到了与消费者建立社交关系背后隐藏的巨大能量。

在2018年1月15日的微信公开课上，张小龙说：微信只是一个工具。但那只是中国人特有的谦辞而已。乔布斯说苹果重新定义了世界，张小龙大可以说，微信重新定义了生活。

从未来的竞争壁垒考虑，时间是终极的赛道，消费者是唯一的壁垒，只有尽可能地掌握消费者，企业才能持续性地发展下去。这一点在过去传统行业中的体现就是掌握渠道商。从2016年开始，拥有巨无霸线下渠道资源的OPPO、VIVO成了最终的赢家。

在社交电商刚刚兴起的时候，众多的企业都启动了通过公众号、微信等社交形式，积极与消费者建立连接关系。但在过去的时间里，大量的零售商、品牌商在与用户的交互过程中都是比较力不从心的——用互联网流行语来说，就是"尬聊"。这一方面是因为企业没有把自己的身份转换过来，在社交渠道里仍然以传统的方式、高高在上地进行"品牌沟通"，而不是进行"用户沟通"。简单来说，就是自我表现欲望太强，不是在跟消费者沟通，而是企业在"尬演"。另一方面，在微信的生态内，也缺少了关键的一环。直到2017年1月9日，微信终于提供了连接方式——小程序，它提供了微信生态下最有效率的交易转化方式。

关于小程序，张小龙用哲学的语言表述："万事万物皆能表达，小程序是表达的语言、表达的方式。"在微信土壤之上，万事万物自然生长，现在需要一个工具，去表达万事万物，这就是小程序诞生的逻辑。

小程序对零售业的改变，不是将线上流量往线下导引那么简单，而是可以在小程序中搭建消费场景，线上流量在小程序中完成消费体验、消费动作，在线下店铺实现商业交割，从而极大地提升了店面坪效。

2018年，于微信而言，是线下小程序架构探索年；于运营者而言，是小程序产品探索年。在这个过程中，更多开发者的智慧被挖掘出来，形成了更多的玩法套路。

与大家分享一张图（图6-13）：

图6-13

不用说明,大家应该都看得明白,它让人想起了最早微信生长时期"摇一摇"等的主要应用场景等。

这种游走在边缘地带的套路,也许就是一种默许的"灰度测试",让小程序运营者深入挖掘人性,从而引发裂变传播,进而触达更多的用户,培养用户习惯。

自古深情留不住,唯有套路得人心!

总而言之,谁能基于微信生态,理解、应用小程序,用小程序这种新的语言去重新组织、表达事物,谁就能获得巨大的商机:新来的企业可以颠覆老的企业,老的企业也可以重焕新机。总之,大家机会均等,只看谁能在理解微信生态的前提下运用好小程序。

2018年,祝大家都玩出属于你的套路。

10)如何开始小程序之旅——小程序实用攻略

(1)什么是小程序(图6-14)。

图6-14

小程序,一种嵌在微信App中的轻应用,2017年1月9日正式发布。和公众号类似,企业可自行认证申请发布小程序,免费获取微信流量,但小程序比公众号的内容形式更丰富,兼顾网站、App、HTML 5等的表现形式;用户可以即搜即用,无需下载、无需关注。

(2)我的微信怎么没有小程序?

现在应该不会有这种情况了吧?

① 请先将你的微信升级到最新版本。

② 用微信搜一搜小程序。

(3) 小程序可以在哪儿看到？

目前，小程序开放的入口已经有 50 多个。微信的发现栏小程序主入口中就有三种方式：一是附近的小程序，二是搜索查找，三是历史浏览的小程序(按照时间排序，最近一次点开的小程序会显示在列表的最上方)。

(4) 小程序可以为企业带来什么？

简单来说，小程序的出现主要是解决企业获客难、推广难的问题。

微信有 10 亿的日活跃用户，几乎涵盖了中国所有具有消费能力的人群，所有的小程序都将免费共享这些流量，商家只需要思考如何提升转化率和复购率这些问题。

随着小程序的数量和品类增加，微信用户会逐渐将小程序作为主要的生活消费渠道，微信的搜一搜功能会将它们精准匹配到所需求的服务商家，这时候商家将从低效高成本的推广苦海中跳出来，重新实现"酒香不怕巷子深"的良性生态。那么，哪些行业适合做小程序？只要你想要流量，只要你的企业、你的店需要做广告、需要客流，就都适合做小程序。

(5) 小程序什么时候做更合适？

我们只能说，越早做越好。越早做，就可以越早获取流量积累用户。同时，小程序的排名是根据申请的时间、用户的点击量、关键词的匹配度等综合决定的，越早做，意味着在未来会获得越多的回报。

当然，还有不可忽略的一点：你需要抢注你的唯一关键词。小程序的关键词具有唯一性，当抢注之后其他企业或者个人是无法再次注册该关键词的。

(6) 怎么样拥有一个小程序？

① 登录微信公众平台官网，注册小程序，这里有一点需要注意的，2017 年 11 月以后，微信对小程序的审核愈加严格。以前，只要有一个邮箱，没有申请过任何小程序、公众号的用户就可以申请，现在个人申请小程序的通过率极低。

② 授权给第三方小程序开发公司，上线小程序，当然也可以请专业的小程序工程师开发。

这里也有一点要注意的：不要被骗了。如果是第三方开发公司的模板，一般价格不会超过 1 万元，建议多找几家对比一下。

(7) 怎么给小程序取一个自带流量的名字？

建议先测试一些符合用户搜索习惯的词。举个例子，如果你是卖衣服的，那么你的客户可能会搜索什么词？以这个思路来给你的小程序取一个自带流量的名字。

当然,这里要注意的是,不要去抢别人的品牌词,比如说,你是做母婴代购的,不要去抢"花王纸尿布"这样的词,因为腾讯有一个品牌保护机制,如果你做了这样的小程序,就会分分钟为他人作嫁衣。

(8)怎么借助小程序做推广?

小程序作为微信重点项目,腾讯对它的开放和包容度非常大,据说蘑菇街小程序通过红包裂变和拼团,仅仅一个半月就拉新超 300 万用户。如果你也想在月活跃用户 10 亿的微信上获得海量用户,那么对小程序的这些拉新能力就一定要关注了。

① 善用微信的社交属性。有一家手机店主,他只做了非常简单的两件事情,就已经从微信中获取了源源不断的客流:

- 在小程序上上传优惠券。
- 让领券核销的客户转发小程序海报,进行裂变。

大家要记住,最有用的往往是最简单的,但是必须坚持的。

② 善用微信的搜索能力,这也就是我们刚刚所说的取一个自带流量的小程序名字。

如果大家不相信,不妨在微信上搜一下"订蛋糕""订花"(图 6-15)。

图 6-15

③ LBS(基于位置的服务)能力。

- 打开"发现"→"小程序",会看到最上方基于地理位置的小程序自动推荐。
- "附近的小程序"能力升级,页面内新增"餐饮美食""商超便利""服饰箱包"

"生鲜蔬果""美妆护理"5大类目标签,方便精准筛选。

④ 连接能力。
- 一个公众号最多可关联13个与公众号主体相同的小程序。
- 小程序可关联500个公众号。
- 可以从门店小程序跳转到关联小程序。
- 在微信搜索框下方增加小程序的快捷入口。
- 公众号自定义菜单跳转小程序。
- 公众号模板消息跳转小程序。
- 公众号文章底部广告位支持推广小程序。
- 文字链接或图片链接可跳转到小程序。
- 星标常用小程序可以将其固定在小程序历史列表的顶部。

目前公众号文章底部广告支持3种推广的形式:引导关注公众号、跳转网站页面、跳转小程序。相比于前后两种跳转形式,小程序的使用会更流畅、便捷,有利于拉新和提升转化,在公众号文章底部广告位推广小程序,相当于又开通了一条拉新渠道。

⑤ 分享能力(图6-16)。

图 6-16

- 用户可以分享小程序或其中的任何一个页面给好友或群聊。
- App和小程序全打通。App链接分享到微信,点开就是小程序。

- 新增在小程序页面内的转发按钮,方便用户将喜欢的内容分享给好友或群聊。
- 从 App 分享的消息卡片进入小程序,开发者将可以获得来源 App 的信息。

11) 如何快速拥有一个自己的小程序

最近很多小伙伴都在问:小程序怎么注册？小程序怎么开通？今天我们就给大家分享一下,个体工商户怎么开通小程序。

个体工商户注册小程序,一定要先验证,不验证将无法发布小程序。如何注册个人的小程序呢？其实,注册个人小程序的流程也是差不多的。但是,据提供代注册业务的人表示,个人注册的小程序,很多类目已经很难通过了,不过大家也可以去尝试一下。

在开通小程序之前,大家需提前准备 5 样东西:

(1) 邮箱(必须是未被微信公众平台注册、未被微信开放平台注册、未被个人微信号绑定的邮箱,简单来说,就是你这个邮箱从来没在微信的产品中被注册过。如果该邮箱被注册过,那就再申请一个邮箱)。

(2) 企业公章(没有公章的情况下填写自己名字即可)。

(3) 身份证号码、电话、绑定同名银行卡的微信。

(4) 营业执照。

(5) 300 元认证费。

准备好以上这些资料之后,我们就可以开始注册了。注册主要分为以下几个步骤:

(1) 填写账号信息。

① 输入网址:https://mp.weixin.qq.com。

② 如图 6-17 所示,点击"立即注册"。

图 6-17

是不是觉得这个页面特别熟悉？没错，它就是微信公众号登录的那个页面，一模一样的。

③ 点击"小程序"，填写注册信息（图 6-18、图 6-19）。

图 6-18

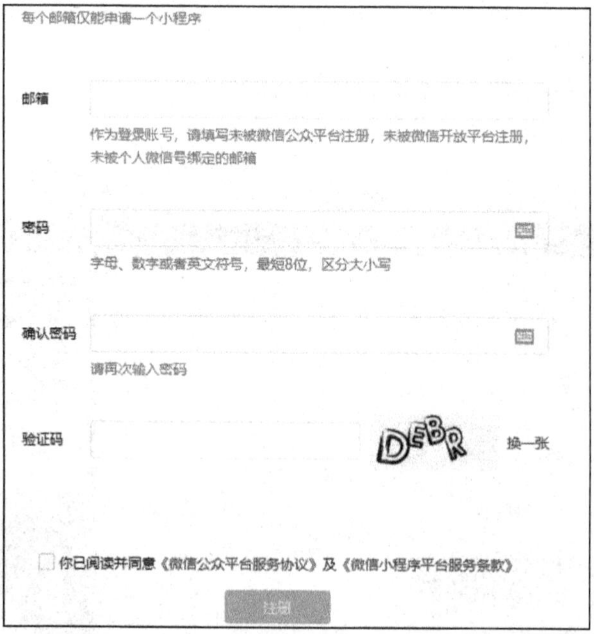

图 6-19

④ 提交信息后,将跳转出现以下页面(图6-20)。

图6-20

如果你的电脑有同步登录邮箱,那么你就会收到一封由微信官方发来的邮件,打开邮件点击里面的链接,即可激活邮箱(图6-21)。

图6-21

⑤ 链接会自动跳转到小程序注册页面,进行小程序详细信息登记(选择主体"企业",如图6-22)。

⑥ 勾选注册方式,注意了,所有的信息一定要认真填写,主体信息一旦提交,就无法修改(图6-23)。

这些信息,营业执照上面都有的。

⑦ 填完主体信息登记后,填写管理员信息(图6-24)。

到这一步,小程序就已经注册好了,但是,这个小程序还是处于未发布的状态,接下来,就要进入发布流程了。

发布小程度第一步:

① 点击申请"微信认证"(图6-25)。

用户信息登记

微信公众平台致力于打造真实、合法、有效的互联网平台,为了更好的保障你和广大微信用户的合法权益,请你认真填写以下登记信息。

为表述方便,本服务中,"用户"也称为"开发者"或"你"。

用户信息登记审核通过后:
1. 你可以依法享有本微信公众账号所产生的权利和收益;
2. 你将对本微信公众账号的所有行为承担全部责任;
3. 你的注册信息将在法律允许的范围内向微信用户展示;
4. 人民法院、检察院、公安机关等有权机关可向腾讯依法调取你的注册信息等。

请确认你的微信公众账号主体类型属于政府、媒体、企业、其他组织、个人,并请按照对应的类别进行信息登记。
点击查看"微信公众平台信息登记指引"。

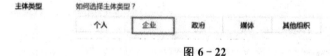

图 6-23

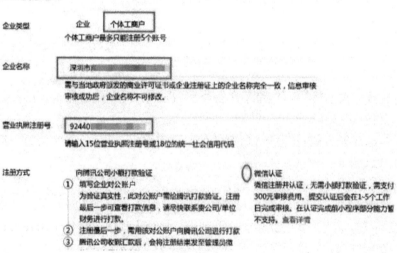

图 6-23

管理员信息登记
管理员身份证姓名
请填写该小程序管理员的姓名，如果名字包含分隔号“·”，请勿省略。
管理员身份证号码
请输入管理员的身份证号码，一个身份证号码只能注册5个小程序。
管理员手机号码
获取验证码
请输入您的手机号码，一个手机号码只能注册5个小程序。
短信验证码
无法接收验证码?
请输入手机短信收到的6位验证码
管理员身份验证
请先填写企业名称与管理员身份信息
继续

图 6－24

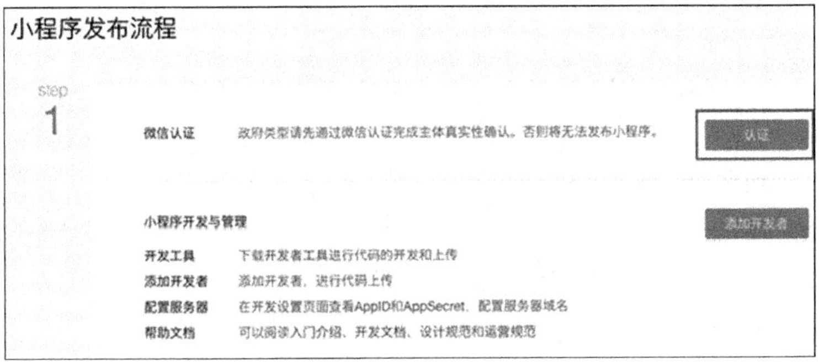
小程序发布流程
step
1
微信认证
政府类型请先通过微信认证完成主体真实性确认。否则将无法发布小程序。
认证
小程序开发与管理
添加开发者
开发工具
下载开发者工具进行代码的开发和上传
添加开发者
添加开发者，进行代码上传
配置服务器
在开发设置页面查看AppID和AppSecret，配置服务器域名
帮助文档
可以阅读入门介绍、开发文档、设计规范和运营规范

图 6－25

② 该认证有 4 个步骤,具体看图 6-26。

① 同意协议　② 填写资料　③ 填写发票　④ 支付费用

重点在填写资料,详情看图片吧!

个体工商户资料

个体工商户名称	深圳市南山区欧〇〇〇〇
	只支持中国大陆工商局或市场监督管理局登记的个体工商户。请填写工商营业执照上的个体工商户名称,该名称将作为微信认证审核服务费的发票抬头。
	个体工商户字号名称为注册时填写的主体信息且无法修改。每个个体工商户可认证50个账号。
工商执照注册号	9244030〇〇〇〇〇
	请填写工商营业执照上的注册号;或三证合一后18位的统一社会信用代码。
经营者姓名	陈〇
	填写个体工商户营业执照上的经营者姓名。
经营范围 (一般经营范围)	服装、窗帘、纺织面料、纺织品、日杂品、生活日用品的销售

图 6-26

这里有一个关键点:如果你没有对公账户,可以填写营业执照上面的经营者个人资料,也就是说,开户名称填写个人名字,银行账号填写个人银行账号(与法人对应就行了)。然后就是填写发票信息与扫码交钱。

如果你的资料没有被填写错误,基本上就不会有大问题了。那么到这里,小程序就注册成功了吗?就能用了吗?到这一步,小程序就注册成功了,但是,还不能使用,因为还需要填写相关信息。

发布小程序第二步:

大家可以根据自己之前注册的信息(邮箱、密码),登录小程序(网址:https://mp.weixin.qq.com)。

① 填写小程序的名字、头像(图 6-27)。

图 6-27

个体工商户的小程序名字每个月都有三次的修改机会。

如果我想要注册的名字被别人先注册了怎么办？解决办法是可以在名字后面加一个"+"，或者是再加一个字就好了。

② 填写小程序介绍、选择服务类目：这个跟你的小程序越贴近越好(图6-28)。

到这一步，就只缺一步了：授权给一家第三方小程序平台或者是找一个懂技术的来开发小程序就可以了。

在微信审核通过之前，不建议做太多的操作，以防你的小程序上传的商品跟类目不符合，导致小程序审核不通过。

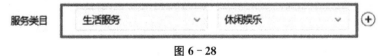

图 6-28

6.2 进阶篇

1) 月用户留存高达 10%,这些小程序怎么做到的

在小程序的不断更新中,小程序的使用场景也不断增多,使得用户使用小程序的时长逐月增多,截至 2018 年初,微信小程序的单次使用时长增至 9.8 分钟,约占微信用户日均使用时长的五分之一。同时,用户对小程序的使用频率也在增加,其中日使用频次在 4~6 次之间的用户占比为 43%。随着小程序生态圈日趋完善成熟,其生活覆盖面越来越广,小程序用户习惯已形成。

进入相对成熟阶段,小程序的拉新能力已经毋庸置疑。

"用完即走"?

如何让他走了再来?

如何让他以后就认定只来这里了?

…………

虽然有着大流量,但是由于小程序"用完即走"的特殊属性,使得小程序的留存率问题备受关注。这些问题,有答案吗?

麦当劳小程序:通过积分兑换提高用户黏性。

每日优鲜小程序:推送优惠券提升用户付费转化率。

小程序最大的好处是什么? 用完即走、即用即走。很多商家觉得这个是客户留存的短板,但是它也是用户选择使用小程序的关键。

以前,当我们想要购买或者查找什么东西的时候,要先下载好 App,然后注册登录,再查找相应的服务才能购买;而现在我们能直接在微信里面购买了,省去了很多操作和流程。

小程序依托于微信,它的社交功能也逐步显现。小程序后台可以绑定微信号,之前强化的功能可以进一步完善用户的访问资料并追踪,通过微信与访问小程序的用户进行沟通,以提高成交率。

当用户在商户的小程序有了第一次消费后,小程序后台会留存客户的相关信息。所以我们可以过几天对客户做一次回访,询问客户的使用体验。这样既能在客户面前刷了一次存在感,同时也对小程序本身的不足或者服务有了更多的了解,以便更好地为客户服务。

小程序的社交立减金、优惠券、会员积分、拼团等活动,不仅能吸引更多的客户前来消费,也能更好地实现客户沉淀,真正留住客户。

大家都知道消费者的心理,只要使用体验好,加上促销活动,不愁留不住客户。

在微信生态环境中,以人为本,以人为主。通过微信小程序进行人与人之间的连接、人与货之间的连接、人与店之间的连接,让商家通过微信小程序连接线上线下,无限制引流,直接触达用户,扩大营销渠道。

2) 还在傻乎乎认为小程序做不起来的人,他很快就会被淘汰!

在今天,微信已经是像电话一样普及,手握 10 亿用户,而且是人均使用时长超过 1 小时的超级 App。经历过微商、公众号的红利之后,微信的下一个增长点在哪里? 在微信这个拥有着最多用户的产品内,我们还有什么机会?

微信之父张小龙跟我们一样在思考! 因为这是他的生态,他的事业,这是他目前为止最成功的产品! 在社交领域,后面有陌陌、钉钉时刻追赶,还有今日头条这样的内容分发平台时刻准备乘虚而入,于是他就推出了小程序。

小程序就等同是微信生态里的 App,因为无需下载,所以也无从谈起卸载,又因为具有极高的体验感,所以小程序快速火了起来,它表面上和 HTML 5 微店一样,但其实两者有着非常大的差别。小程序除了体验感和原生 App 几乎无多大差别外,最核心的是它具有微信的 50 多个入口。而且小程序具有被访问即留存在手机、便于分享给好友、群聊等多维度优势,所以,小程序具有天然的微信变现优势。可以说,如果你想利用微信 10 亿用户流量赚钱,那么你就必须做一个小程序,这是官方唯一认可的工具。

目前,小程序已经被所有行业所认知,拼多多作为最早一批利用小程序的企业,半年就积累了 1 亿用户,由于充分借助微信的社交、功能,这个公司不到 3 年,就把尖刀抵在了淘宝喉咙,被列入阿里巴巴竞品的第一队伍。"女王的新款"这个小程序,它采用公众号矩阵方式,才用几个月,销售额就突破 5 000 万元。现在,类似这样通过小程序月销售额超百万元的公司已经数不胜数。

现在,头部大公众号都已经默认小程序就是它们的未来,而且绝大部分头部的营销公众号已经开始了导流小程序之路。

之前,易简集团的董事长胡总透露,易简旗下投资了无数大号,如玩车教授、科技每日推送等过百个大号,超过百万粉丝的都非常多,他说,他已经全力押宝在小程序上,而且有不少小程序商城已经可以月收入 30 万元至 50 万元。

然而,这些仅仅只是小程序想干的大事业当中的一部分。小程序从诞生之日开始,就承载着腾讯连接万物的野心。

张小龙明确支持它是为线下而服务的,也就是说,小程序最核心的功能是为打通"实体店"而服务的。同时,在 2018 年 1 月 15 日的微信公开课上,他再次强调,线下是微信要摸索的重要领域。他说:"其实探索线下,我们一直都有这样的想法,所以在微信刚出来的时候有一个探索线下的功能,即'附近的人'。这是探索人,我们其实是更希望能够把目光放到附近各式各样的生活设施里面去,探索线下的生活,所以2018年我们希望能做一些新的尝试。我认为探索线下的精彩生活,是我们下一步想要尝试的一个方向。"

大家可以打开小程序入口,上面有个"附近的小程序",里面几乎都是实体店,这是2017年微信探索线下一个非常重要的体现。

微信为什么要针对实体店?因为互联网用户已经接近饱和,中国的人口红利已经被瓜分完毕,所有人都在思考如何把同一个用户价值最大化。而与此同时,新零售是大家公认的未来,马云入股线下大超市、大零售,京东也号称要开百万线下体验店。

腾讯在广告、游戏领域已经一家独大,只有线下才具有无限大的拓展空间。如果搞定线下实体店,这将是百万亿增量的大市场,而在这个当下推出"小程序"又是最佳时间。因为实体店被互联网冲击得"哀鸿遍野",个个谈转型升级,动不动就听到实体店倒闭潮,其核心原因就是客流被互联网抢走了,这都是马云的淘宝惹的祸。而微信有什么?有用户!实体店最缺的是用户!

微信能不能让实体店都用起小程序来?一定能!微信想要做,就一定做得成,公众号用2~3年颠覆了传统媒体,大家都见识过它的速度。大家不要忘了,微信刚推出公众号的时候,微博正当其时,微信还刚刚起步没多久。而今天,微信手握10亿用户,它想进军哪个行业,哪个行业就会被颠覆!

而小程序呢?微信从早期的相对封闭,到现在有50多个小程序入口,微信从没如此主动地开放自己的流量和商家共享。开了小程序就能站街,就能被搜索……如果有人还傻乎乎地认为小程序做不起来,那么他很快就会被淘汰!

再过两年,不做小程序的人也必须做小程序,不懂也必须懂,它将成为商家的标配!就好比两个人打架,一方都有枪了,另一方赤手空拳如何能打赢?

3)许多曾叱咤风云的企业都无声无息地倒下了

健力宝,在80后,甚至是部分90后的记忆中,就是饮料的代名词。它曾经承载着中国企业家冲出亚洲的梦想,而且可以算是成功了。

王安电脑公司,一度让IBM畏惧。在鼎盛时期,其年收入达30亿美元,其员工达3万多人,王安也曾以20亿美元身家成为美国第五大富豪。

8848曾经是中国的电子商务之巅。2001年,8848成为中国工业和商业类网站被用户访问最多的网站(CNNIC的调查),其地位可用"绝对垄断"来形容,今天的阿里巴巴也比不上当时的8848。

马云曾经说过,今天很残酷,明天更残酷,后天会很美好,但绝大多数人都死在明天晚上,却见不到后天的太阳!

更可怕的是，在这场战役中，你根本就不知道你为什么输了。网传诺基亚CEO在宣布同意微软收购时，说了最后一句话，"我们并没有做错什么，但不知为什么，我们输了"。

曾经，网络上有一段话让人特有感触：从前车、马、邮件都慢，一生只够爱一个人。这句话放在商业上也是一样的，激烈的市场竞争过程中，世界在变、趋势在变，以互联网为载体的新经济正不断吞噬传统经济！

也许，你不在意的一个小改变，就注定未来你的位置；一个小错步，没有跟上趋势，那就被永远地甩下了。所以，对于每一个趋势，不管你是否了解，都要先去占坑。

近期，家乐福发布公告称：家乐福与腾讯和永辉签署了一份对家乐福中国潜在投资意向的条款清单。此次家乐福牵手腾讯和永辉，也成为互联网巨头线下零售布局矩阵中的一员。

回顾之前，有沃尔玛牵手京东、阿里巴巴入股欧尚、腾讯投资永辉超市，我们发现，所有的战争，到最后都是腾讯、阿里巴巴的主场。

曾经，欧洲第一、世界第二的家乐福，在市场的潮流下，行走在了被时代抛弃的边缘，市场早已不是那片市场，腾讯、阿里巴巴已经成为王者。

盛极而衰，是哪个行业都逃不过的命运。自2010年"增速为历史最低"这样的字眼开始出现在实体零售行业的分析报告中，就预示着中国实体零售行业的黄金时代已经一去不返。

在一个被时代甩开的队伍里，迅速变换队伍才能跟上时代的脚步。作为实体零售的龙头、巨无霸的家乐福，不是不知道要更换队伍，不是不知道要改变，却跑不快，最终逃不开"卖身"的命运。新零售的口号已经喊了一年多，家乐福在徘徊中抓住了腾讯这根救命稻草，也许它再也回不到曾经的王者地位，但也算找到了一条出路。那么，普通实体店的老板呢？你们站在这命运的十字路口，又将作何选择？

当网店的体验越来越强大的时候，实体店遭受的压力也必定会更加强大。一边是腾讯，一边是阿里巴巴，实体店未来也必须选择一家站队，否则就是势单力薄，最终在两大王者的碾压之下，走上倒闭之路。

经过两年的成长，小程序已慢慢从蓝海往红海过渡，不但在移动互联网市场举足轻重，更是覆盖人际交往、休闲娱乐、购物订餐以及生活服务等生活的方方面面，建立起逐渐完善的互联网生态圈。

4）还在等？等小程序生态成熟了，那就没你的位置了

小程序能给创业者们带来新的机会吗？答案是肯定的。但是机会体现在哪里呢？很多人却说不上来。就好像面前有一座巨大的金库，却不知道里面的金子藏

在哪里。

在笔者看来,微信小程序主要可以为创业者带来以下这些机会,值得我们尝试。

(1) 将小程序作为公众号的功能延伸,强化公众号的影响力。

公众号在本质上是媒体,小程序在本质上是应用。公众号发展到今日,其运营模式和规则想必大家已经很熟悉。我们可以在公众号上生产源源不断的内容,但是如果想要与用户有更多的互动和交流,那么开发小程序就是非常合适的选择。

就目前来说,小程序和公众号的关联是非常紧密的,公众号的介绍页面、公众号的菜单、公众号图文的卡片和链接……也就是说,只要你将小程序开发出来,那么就可以将它放到公众号的各个角落里。

别总说小程序这不行那不行的,小程序本来就不是一个独立的工具,指望它自己产生流量是不现实的。但你可以干脆就把小程序当作公众号的附加能力,把传播的事情交给公众号,让小程序提供内容之外的功能。比如,一个做电影影评的公众号,是不是需要用小程序整合一些电影资源或者收集用户的观影喜好?一个做时尚穿搭的公众号,是不是需要用小程序整合衣服搭配的技巧或者展示用户的投稿照片?用公众号处理这些事情会比较复杂,但是用小程序会容易很多。

(2) 利用小程序在微信群中的传播,增强社群的生命力。

小程序有一个很容易被开发者忽略的重要特征,那就是天生的社群性质。

自从小程序上线后,微信就一直被吐槽朋友圈这个流量巨大的入口始终不对小程序直接开放。可是却鲜有人重视微信群这个入口。微信还专门在小程序后台数据分析里加入了微信群这一块,其重要程度不言而喻。

做过社群的人都知道,微信群的初期组建很容易,随随便便一拉就有上百号人,但是时间一长,有多少群还能让群成员围绕某个主题持续交流?做好社群不是把人拉进来这么简单,更需要管理者细心地维护。而小程序在社群建设上是可以起到一定的积极作用的。签到、名片、投票、资源共享、话题讨论……这些都是社群常常会使用到的功能,但仅靠单纯的聊天记录,这些功能会变得非常散乱。如果根据社群的特征,开发相应功能的小程序,就可以将这些需求很方便地整合到一起。微信群的交流形式多了,其作为社群的生命力自然而然得以延续。在这里我们只是抛出一个可行的角度,针对具体的社群特征,一定会有更多的可能性。

(3) 让小程序进入线下使用场景,提高用户黏性。

小程序的另外一个重要流量入口就是线下使用场景。这个很好理解了。"附近的小程序"功能,很明显就是为了提高用户在线下场景使用小程序的频率的。

比较具有代表性的是餐饮行业,微信公开课也曾经专门以餐饮行业小程序为主题做了一次讲座。举个例子,一家连锁餐厅想要吸引更多的客流,如果可以借助小程序为顾客提供线上自助点单、预约用餐座位、快捷付款买单等服务,那么无疑会比单纯地用公众号宣传要好得多。因为只有餐厅提高了用餐体验,才能真正提高用户的黏性。

除了餐饮行业,还有旅游行业、服装行业、家具行业、婚庆行业、教育行业……这些有线下门店的行业,几乎都可以让小程序大展身手。一般来说,这类创业者可能没有自己的开发团队,那么借助小程序第三方开发工具也是可以实现快速开发的。

(4)让小程序助力电商与社交的融合。

通过App的形式搭建微商城,这是大多数微商一直以来的做法。但是只有小程序这个基于微信环境的产物,才可以真正适应微信的社交属性。

也许你会觉得App也能做出类似小程序的形式,而且还不需要符合小程序的规则限制,为什么还要费尽心思开发小程序?是的,小程序在开发上会有一些限制,例如框架必须在2M以内、最多只能有五层页面、在UI(用户界面)设计上必须符合微信的规范等。

可是小程序的优势也很明显:它可以被保留在使用列表里,可以直接搜索,可以以卡片形式分享小程序的任意一个页面,可以直接对接微信支付……这些小程序的自带光环,是App在微信上无法享有的。

而在微信上做电商,是非常需要与微信的社交属性相融合的。小程序是一个很好的桥梁,可以将两者进一步融合起来。

最后再说一点:真的不要轻视了小程序以后会带来的影响力。确实,微信小程序在给创业者们带来希望的同时,也带来了不少迷茫。有人会问,小程序这个产品的功能还不完善,市场还不成熟,现在做小程序真的靠谱吗?可是我们回过头来想想,六年前公众号刚刚诞生时,有多少人知道公众号应该怎么写出传播性强的内容,应该怎么吸引用户关注,应该怎样塑造公众号的品牌形象?可是现在,公众号已经成为构建微信生命力的一个重要部分,其影响力有目共睹。

在微信里面,有社群生态、媒体生态、电商生态,如今又多了小程序这个应用生态。可以说,继公众号之后,微信又给我们开拓了一片可以大胆尝试的领域。在这个新领域做一些尝试,并没有什么坏处。如果等到这个生态完全成熟了,可能你就很难找到自己的位置了。

5)在小程序的爆发期商家如何借助它完成逆袭

小程序依托微信而生,而微信是强社交平台。作为依托微信这个强社交平台而生的小程序,生来即自带天然社交属性。

拼多多小程序在2017年双十一期间,DAU(日活跃用户数量)近千万,2015年

9月以来,已经拼出了过亿访问量,它依靠的是一种拼团的思维。作为常见的社交电商玩法,借助小程序的强大社交属性与无缝衔接的分享优势,它将拼团拉新的价值进一步放大。那么拼多多是怎么做到的呢?

(1) 契合微信小程序用户体验。

拼多多小程序的使用体验设计上完美契合"用完即走"的定位,相对于 App 的多样化功能,其仅保留了"淘淘"这一大版块,限时秒杀等在 App 中原有的版块,小程序里都没有,实现了一定程度上的精简,只专注于某一模块,提升用户体验。

(2) 借助微信好友和群网格式传播。

小程序与传统的 App 相比较,更多的是以场景作为驱动。拼多多小程序拼团购物的社交电商状态是非常适合场景驱动的。基于微信平台 10 亿的用户流量,用户可以通过微信好友或者微信群分享,邀请好友完成拼团,实现裂变传播,迅速打造口碑效应。

(3) 分众运营实现精准匹配。

区别于"物以类聚",拼多多小程序更多地是走向"人以群分"的电商,以人群特征作为细分开展分众运营,在因为相似偏好而形成的各种微信群里进行传播,实现低成本推广,通过社交分享和拼单捕捉人群的购物偏好,完成用户细分,实现精准匹配。

(4) 小程序电商的优势明显,主要表现在以下几个方面:

① 多入口触达用户。

"首先就是入口,小程序的入口非常多,比 H5(HTML 5)方便太多",在谈及小程序电商的好处时,"一条"电商运营总监 Jimmy 首先想到的就是入口优势。他认为,小程序可以在微信平台里用各式各样的形式无缝嵌入,"有入口就意味着有流量,这在以社交互动属性为基础的微信生态内是非常顺滑的体验"。Jimmy 说,由于用户可以通过多个入口抵达"一条"的小程序,新客转化率是 H5 页面的好几倍。

② 用户体验流畅。

比起 App 和 H5 界面,小程序的另一个优势是体验更加流畅。"鲸鱼颜习会"的创始人鲸鱼认为:"小程序购物不需要转接到其他平台,只要点一下卡片就能进入,随时随地都可能有支付行为产生。"

这在直播购物平台体现得尤为明显。在 2017 年双十一期间,蘑菇街让 1 000 多名红人主播在小程序上共同发起直播促销,直播的小程序卡片可以分享给微信好友或群,用户不用跳转页面就能一键下单,真正实现了"边看边买"。

在 2017 年双十一,蘑菇街的总销售额较上一年双十一增长 2 818%,在微信小程序直播间的日销售额达到平日的 28.57 倍。直播小程序新客占比是 App 的 4.75 倍。

③ 营销玩法更多。

对于商家来说,小程序的另一个优势就是能带来更丰富的营销玩法。依托于微信的社交属性,用户可以进行更多的分享,通过社群、社交的流量来完成交易。

蘑菇街在 2017 年双十一给商家提供了各种营销工具,商家可以通过社群来进行分享和留存,例如可以把店铺里的优惠券、活动和商品,通过蘑菇街女装精选小程序的卡片,发到用户群里,用户直接点小卡片进到小程序就可以完成购买。"蘑菇街小程序在这次双十一中,单件商品经过微信分享后快速裂变,最高有近 11 万人打开分享链接,小程序内 44% 的成交用户,是来自微信好友分享商品的好友。"蘑菇街的公关经理罗格告诉我们,社交分享带来的另一个优势是拉新,在 2017 年双十一,小程序内新客成交占比达到蘑菇街 App 的 4.2 倍。在蘑菇街的公关经理罗格看来,微信是一个完全新的"场",接下来会是电商领域的蓝海。特别是对中小电商玩家来说,这是一个全新的机遇。

随着微信小程序不断释放新能力,很多电商玩法在悄然发生变化。罗格说,利用微信的社交属性做用户留存,将大幅度降低把用户留存到私域流量里的难度,这将带来与中心化电商时代大不相同的玩法。

6.3 实操篇

• 微商城小程序升级——支持自定义模板

再也不用烦恼自己的小程序长得和别人一样了,微商城小程序已经支持自定义首页了。

1)产品背景

2017 年,我们在微信全面开放小程序时,上线了有赞小程序,当时的小程序非常单调,完全没有个性。所以本次优化升级的核心目标,就是为了解决"单调"的问题。因此,我们为小程序打造了 4 种组件,商家可以使用这些组件,搭建出独具个性的小程序首页。

2)产品能力

- 商家可以直接选择提供的店铺模板,快速搭建小程序首页。
- 商家可以使用组件搭建出独具个性的小程序首页。

3)使用须知

本次更新需要商家重新下载小程序包,完成小程序包上传并审核通过后才能使用自定义模板功能。

4）功能场景

（1）商家后台入口。
- 商家后台—营销—微信小程序,点击进入小程序订购页,完成订购；
- 商家后台—营销—微信小程序—主页设置/生成小程序,设置小程序主页及打包下载小程序。

（2）设置小程序主页内容。
- 提供3套模板:"默认""外卖""便利店"；
- 商家可以选择自定义模板搭建小程序首页,编辑完成请先保存；
- 提供4种微页面组件:图片广告、商品列表、商品分组、商品橱窗。

（3）组件介绍。
- 图片广告:轮播图,最多可以添加10张广告图；
- 商品列表:支持大图商品和小图商品,适合推荐爆款商品；
- 商品分组:支持切换商品内容,适合展示商品分类,最多可展示36个商品分组；
- 商品橱窗:最牛气的组件,和九宫格有的一拼,商家自己选择。

5）增加"附近"功能

小程序的"附近"功能指:用户进入微信小程序界面后,可以直接看到所在地周围一定范围的所有"小程序",包括实体店、服务店、商场等。乍一看,有点类似美团的"附近"功能,但小程序的"附近",不仅仅涉及吃喝玩乐等商业服务,还可能会出现医院、公交车等公共服务。总之,小程序的"附近"类型会更多、更全面。

6）小程序可绑定的门店必须满足以下条件

（1）必须是线下可提供面对面服务的网点(必须要有实体门店,且提供内外景拍照)。

（2）具备经营资质,如有营业执照或组织机构代码证等,且要求资质材料中的地址与门店地理位置一致,经营主体与小程序账号主体一致(这一点至关重要！比如:加盟店、经销商,虽然属于同一品牌,但主体不一致的很多,按照目前的规则,估计不会通过审核)。

（3）店内张贴或摆放该门店对应的小程序二维码宣传物料(虽然上传时属于其他材料,但能提供的尽量提供,这样可以提高通过概率),如图6-29所示。

详细的内容,大家可以登录微信小程序后台的添加门店里的查看示例。

图 6-29

• 小程序推荐(一)

1) 群应用

群应用是电子名片、名片夹管理工具(图 6-30)。

图 6-30

最早发现这个小程序是在一个群里,有人在群里发了个小程序,名字叫"群应用",笔者以为是群里发了什么消息,打开后发现是发竖人的个人名片。笔者觉得这样发名片很好,平时大家发纸质名片,通常用个名片夹收进去,觉得不重要的片名可能就会被扔掉,也会有人保存到微信"描述",总之,都不方便。既然电子名片这么方便,大家不妨做一个自己的名片,添加新好友后就可以主动发个"群应用"(名片)。

小程序二维码可以被长按识别,很多人通过这个小程序创建"群",发到朋友圈让大家加入。随后,这个小程序被广泛转发,大家被这个小程序刷屏了。另外,这个开发者团队响应非常快,已经支持自动生成自己的小程序码。大家可以扫码体验。

2) 花瓣 lite

花瓣动图搜索是表情、朋友圈配图神器(图 6-31)。做设计的朋友会经常去花瓣网搜图,平时发朋友圈用图也可以去小程序"花瓣 lite"搜一搜。你可以通过直接搜索关键词查找图片,也可以搜索动图,如:鹿晗.gif。搜索下面有 2 个常用分类:"万能配图""手机壁纸"。其共有 30 个类别可供选择,另外系统还会推荐你感兴趣的类别。

图 6-31

3) 快递 100

其主要用于查快递、寄快递(图 6-32)。很多人经常会使用手机支付宝"我的快递"查快递,因为你输入一次,下次可以很方便地看到这个快递的动态。小程序"快递 100"可以查快递,对查过的快递会做记录。此外,其还提供 9 家快递公司的联系方式。

图 6-32

4) 车来了精准实时公交

这是一个能精准地查询实时公交的小程序(图 6-33)。

人生最痛苦之一就是不知道公交什么时间到,装一个可以查公交到站情况的 App 是一个明智的选择,但"车来了精准实时公交"这个小程序不用安装,想用即用。它可以搜索线路、车站、附件线路、最近使用、收藏等。

图 6-33

5) 雪球炒股

它是千万人在用的股票投资应用,可近距离感受投资高手对股票的独家深入分析。通过它,可查股市行情,也可看相关评论(图 6-34)。

图 6-34

- **小程序推荐(二):适合假期的小程序**

1) 交通出行

(1) 出远门。

携程订酒店机票火车票汽车票门票

这是一个由携程旅行网推出的小程序,其提供酒店、机票、火车票、汽车票、门票预订服务(图6-35)。

图6-35

扫码后可直接进入小程序。

去哪儿机票火车票酒店

光速抢票,极速出票,免登录,可预约(图6-36)。

图6-36

此外,还有12306出行＋、同程火车出行、航旅纵横、春秋航空特价机票、海南航空微应用、深圳航空小助手等小程序,大家可根据自己的习惯选择。

(2) 城市出行。

摩拜单车

摩拜单车是扫码即可骑走的共享单车。到一个城市,骑着自行车,慢慢了解一个城市。不需提前准备,想用即用(图6-37)。

此外,ofo共享单车、小鸣单车等都有小程序。

微信扫一扫，使用小程序

图 6-37

滴滴出行

滴滴一下，随叫随到。滴滴出行小程序版迅速、快捷；当然 App 版的功能会更多些(图 6-38)。

微信扫码体验

图 6-38

e 代驾 Lite

开车外出，如果喝酒了，请选择代驾服务。可以搜索"e 代驾 Lite"体验使用。

厕所在哪

人有三急，到陌生城市找不到厕所最着急，添加这个小程序，方便找到厕所(图 6-39)。

微信扫一扫，使用小程序

图 6-39

2) 住宿

一家民宿＋

全球华人民宿信息平台,出境游旅行必备(图6-40)。

图 6-40

3) 吃喝玩乐

(1) 吃。

肯德基＋

肯德基手机自助点餐,随时随地,点餐不排队。

此外,如果宅在家,想点外卖,有"美团外卖""饿了么外卖服务",也可以自己做。找菜谱,用"下厨房＋"。

(2) 喝。

星巴克用星说

"星巴克用星说"小程序,提供全新社交礼品体验。外出游玩,来一杯星巴克咖啡还是不错的,这个小程序只提供礼品卡的销售。

(3) 玩乐。

看电影用"猫眼电影"。如果不知道看什么,用"毒舌电影社区"。

毒舌电影社区

集影片推荐、影片信息查询和深度影评于一体的影片资讯小程序(图6-41)。

图 6-41

4)天气/空气

墨迹天气

这款小程序能为大家提供更精准的天气预报和气象服务。

PM 2.5 空气质量

它能提供全国各城市 PM 2.5 空气质量监测数据,数据来源于生态环境部,供大家做健康出行参考(图 6-42)。

图 6-42

5)图像

外出游玩,少不了拍照,如何让你的照片与众不同?推荐几个好玩的小程序。

忆年共享相册

它为亲密小圈子提供快速交换和共享照片的服务。照片只有进入空间的小伙伴才能看到,并且永久储存在云端专属于你们的私密小空间(图 6-43)。

图 6-43

名画滤镜 App

想把照片变成像凡·高《星空》那样的艺术作品吗?无需安装 App,名画滤镜小程序就可以帮到你,让你的朋友圈照片与众不同(图6-44)。

图6-44

小年糕+

换一种方式看图片、看故事:① 幻灯片式配乐播放,图片效果截然不同;② 操作极简,可以轻松创作(图6-45)。

图6-45

• **小程序推荐(三):上班族9款必备神器**

1) 企查查企业查询

想查找企业的工商信息,在以前你要去工商局,现在只要添加一个小程序"企查查企业查询"就可以了,通过它可以快速查询企业工商信息、法院判决信息、关联企业信息、法律诉讼、失信信息、被执行人信息、知识产权信息、公司新闻、招聘信息、企业年报等(图6-46)。

图 6-46

2) 微软小蜜

我们经常会遇到没带电脑却要做 PPT 的尴尬,用小程序"微软小蜜"就可以轻松应急。利用手机现成的图片,通过小程序"微软小蜜"处理一下,分分钟生成一个 PPT。

令笔者叹服的是"微软小蜜"支持识别文字。进入小程序之后,点击"选取图片",上传之后,它就会利用人工智能自动识别图片中的文字,一键生成 PPT。当然,微软小蜜也有识别不准确的时候,这时需要自己分段编辑。

微信小程序搜索:"微软小蜜"。

3) 群里有事

现在最不缺的就是微信群,但在微信群发个活动消息,几乎无人问津,有时候为了发个通知要先发红包。除此之外,还可以通过小程序"群里有事"发群通知,不仅显得高大上,而且还容易被看到。

除了可以发群通知,发起者还可以快速收集活动报名者信息,或查看群成员是否已经阅读通知。不足之处:不能修改已发信息。

微信小程序搜索:"群里有事"。

4) 税后工资计算器

别说你不关心你的工资,但很多人不会算税后工资是真的。计算税后工资可用小程序"税后工资计算器",它不仅是税后工资、五险一金、个人所得税计算器,还是用税前月薪计算税后月薪的计算器、年终奖计算器(图 6-47)。

图 6-47

5）腾讯投票

有时候很难做出一个决定，比如：中午吃什么？我们该选择哪个方案？以往要通过 PC 端做一个投票，现在用小程序"腾讯投票"分分钟发起投票。

"腾讯投票"小程序可以发起单选投票，也能发起多选投票，创建投票成功之后就可以直接点击右上方的分享功能，把它分享到你的朋友圈和微信群，或者发送给微信好友（图 6-48）。

当然，你也可以尝试另外一个投票小程序："金数据 Mini"。

图 6-48

6）印象笔记微清单

印象笔记微清单帮你随时随地创建各种小清单，从购物、美食、旅行到工作学习的各种微清单（图 6-49）。

图 6-49

7) 草料二维码

很多人习惯在 PC 端用"草料",通过小程序"草料二维码",可方便快速生成或管理二维码(图 6-50)。

图 6-50

8) 番茄闹钟

有些人学会了时间管理的番茄工作法,但借助手机的倒计时比较麻烦,而且没办法统计数据。

小程序"番茄闹钟"将事情分成 6 个类别,可分别设置番茄闹钟,且有统计数据,确实比手机倒计时方便多了,让你每个 25 分钟都保持专注力(图 6-51)。

微信扫码体验

图 6-51

9）热点小黄历

营销、公关、运营必备，借势营销节点可以随时查，据说全年有超 400 个热点，还不去看看（图 6-52）？

图 6-52

• 小程序推荐（四）：那些优秀的电商类小程序都长什么样？

1）购物清单类

有赞天天惠

这个小程序是由有赞平台运营，从商家精选出有特色、拍摄有调性的产品，它专门帮你发现朋友圈里有口碑的好货和服务（图 6-53）。

微信扫码体验

图 6-53

虎 Cares 职场物欲清单

这家的第一个特点是进入小程序就是一个 gif 图,闪闪地让你看到他们的广告语(闪太快,以至于我们截不到有广告语的图)。其主推"职场丧 T",还有"愉悦办公,必备好物""振奋工作,最佳食量""主任精选,每月好书"三大分类,这分类名称都是精心想出来的,值得学习。

小程序搜索:虎 Cares 职场物欲清单。

2) 百货礼品类

世纪联华官方鲸选商城

它是世纪联华打造的新零售品牌——鲸选商城。在线下单、超市品质,快递配送、到店自提,为你提供生鲜水果、日用百货、居家用品、进口母婴、厨房用品、美妆洗护等商品(图 6-54)。

图 6-54

西湖礼物在线商场

西湖虽美,却不如一份礼物表心意;礼物虽重,但有我们帮您寄送。西湖礼物在线商城,让你陶醉于西湖美景之余,给念家的你一丝舒心。来西湖礼物在线商城,带走属于你的"西湖印象"。

这份介绍很优美。此款小程序有西湖相关元素的产品,而且其最大的特点是有西湖十景的音频介绍。扫码瞧瞧,不购物也可以了解下西湖十景(图6-55)。

微信扫码体验

图6-55

一家只卖全球冠军单品的集合店

这名字估计不给你小程序码,你都搜不到。但正如这小程序的名字,足可以看出他们是卖啥的(图6-56)。

图6-56

3)零食水果类

良品铺子官方商城

果琳商城

周黑鸭官方商城

大家可以搜索相关小程序进行学习体验。

• 微信小程序搜索排名规则

自微信小程序于2017年1月9日上线以来,越来越多的商家看到了微信带来的机遇,纷纷上架自己的小程序。大家的目的很明确:要在前期抢占微信小程序的流量红利。小程序的排名越高,位置就越好,接触更多用户的机会就越大。商家想要把自己的小程序展示给更多的用户,就必须提高小程序的排名。那么问题来了,小程序在微信搜索中的排名是由哪些因素决定的?

笔者根据观察了上百个微信小程序的经验以及了解到的一些内幕,总结出了独家的微信小程序排名规则,其主要有5个优先级,供参考:

第一优先级:使用过

再牛的小程序也竞争不过用户"使用过"的小程序。只要用户使用过这个小程序,那么用户在下次搜索时,如果使用过的小程序名称含有用户搜索的关键词,该小程序肯定会排在前面。

因此,商家应该尽可能地去推广自己的小程序,比如:在公众号介绍页关联小程序、菜单添加小程序、图文推送小程序、线下物料印刷小程序码、通过各种应用场景鼓励用户将小程序分享给微信好友、微信群以及朋友圈等。"使用过"的小程序是第一优先级。使用过的小程序排名靠前。

如果用户搜索关键词,没有使用过的小程序以及"使用过"的小程序有多个,搜索排名有哪些影响因素呢?那就再聊聊第二优先级。

第二优先级之一:小程序上线时间

除了"使用过"这一因素外,当我们搜索某个关键词时,小程序的排列顺序似乎让我们看不懂。其实,微信为了大力推广小程序,对于越早入驻的商家越在排名上给予支持,也就是注册越早越靠前(不同的手机略有不同,绝大部分手机搜索到的小程序及其排名是一致的)。

所以,小程序注册越早,排名越靠前,让用户添加的可能性就越大。小程序的上线时间对排名的影响在第二优先级里占50%的权重。还没注册小程序的商家,应该行动了。可以借助商家服务公司"有赞"一键生成自己的小程序,不需要任何技术人员均可上架自己的小程序。

笔者通过2部手机搜索相同关键词,得到的结果基本一致。

第二优先级之二:小程序标题

很多做过SEO(搜索引擎优化)的人都知道,名称跟搜索的关键词匹配度越高、关键词越短,展现的排名就越靠前,微信小程序也是一样。小程序标题在第二优先级占到了35%的权重。

笔者提醒大家,小程序名称和微信公众号一样,名称都有唯一性(相同主体的公众号和小程序可同名),尽早注册可以避免其他人占用自己的名称而导致自己的小程序名称太长,进而影响排名。

第二优先级之三：小程序关键词频次

在小程序后台中有"推广"模块，每个小程序可以自定义10个关键词，一个月最多可以修改三次。对于关键词的选取因素，笔者建议要围绕商家的行业、产品、小程序的名称等去设置，可以参考"微信指数"里一些热度高的关键词，其对小程序的排名有很大的影响作用。小程序的关键词权重在第二优先级里占到了10%，也不可小觑。

第二优先级之四：小程序使用次数

小程序累计访问用户数越多，系统则认为其受欢迎程度越高，就会优先展示给用户。也就是说，微信小程序累计访问用户数越多，排名越靠前，小程序使用次数权重在第二优先级里占到了5%。

总之，从以上影响因素来看，影响小程序的最大因素是"使用过"，其次是上线时间。因此，商家尽早上线自己的小程序，并进行推广，才能获取微信的这一波红利。有很多人说，小程序就像当年刚刚上线的淘宝或者公众号，笔者认为不用这样的类比，很多商家也会去做，相信聪明的商家都会抓住这一波红利。规则是不断变化的，第二优先级的权重也仅供参考。搜索排名与综合性因素相关，与用户相关，希望商家可以借助以上因素提高自己的小程序搜索排名。

• 微商城小程序支持优惠券/优惠码

1) 如何发券

小程序微页面增加优惠券组件。你可以选择自动获取优惠券展示在页面上，也可以手动添加需要展示的优惠券。添加优惠券后，买家可以在你的店铺中看见并领取优惠券。

若商家开通了小程序，在优惠券列表的推广弹窗中，增加下载"小程序码"和复制"小程序路径"功能，就可以下载小程序码发送给好友，也可以在公众号文章中插入小程序来进行推广。

若优惠券设置了可以分享给好友，领券后就可以把券分享给好友。好友点击后即可领取优惠券。

2) 如何用券

增加我的优惠券/我的优惠码入口，买家可以查看自己账号下的优惠券和优惠码。

点击"立即使用"，可以去查看使用商品并购买；点击"分享给好友"，可以把优惠券转发给好友；点击右上角的"二维码图标"，可以查看核销码供线下核销使用。

买家下单可以选择优惠券，或者兑换优惠码，享受优惠。

• 小程序数据统计上线！快来看小程序的带量效果

小程序已经有越来越多的功能，会玩的商家都已经开通了小程序，快速站到了风口。本次带来的小程序数据统计，让各位会玩的商家有了更好的武器去把握交易动向。本次的产品内容为大家展示最为关注的流量和交易数据。

产品入口：营销中心—微信小程序—数据统计。

在昨日核心数据一览，了解昨日小程序带来的交易、流量效果，跟前一天的数据进行直观比较。流量统计支持按照自然日、自然周、自然月选择，可以看到不同时段的数据变化；可以查看选择的日、周、月对应的前一日、前一周、前一月的数据增长效果。而且还有小程序独特的场景值统计，能看到统计时间内小程序的流量数据都是从什么场景进入的。了解现有的入口情况，把流量不足的入口更好运营起来，交易统计是必不可少的。从这里可以看到从访问、下单到付款的全部过程，以及对应的转化效果。数据指标的趋势图，也可以让商家更方便地了解整个交易数据的发展趋势。

快打开商家后台，看看你的小程序数据吧！

• 微信小程序支持一键授权托管，不懂代码也能轻松维护

自从微信推出小程序后，大家都跃跃欲试，希望能抓住这次机会，但是一研究，发现各种文档、组件、API、代码包、开发者工具，弄得人灰头土脸还是没搞定。现在"救星"来了，有赞技术团队已经可以接受一键授权托管，再也不需要下载什么代码包和开发者工具了。

1）微信小程序一键授权托管有什么用

（1）将小程序授权给有赞，有赞会自动帮助你生成店铺小程序，并提交给微信审核，省了各种折腾；

（2）无须复杂操作，不要研究代码包，即可快速拥有你的小程序；

（3）每次功能更新能够自动提交审核，即便审核失败也能一键重新提交审核，省时省力。

2）商家如何得到自己的小程序

（1）商家注册微信小程序（在微信端完成注册、认证、设置小程序信息，主体是"个人"的小程序不能申请微信支付，注册时请勿选择"个人"）；

（2）商家在微信端申请微信支付（获得商户号）；

（3）商家把小程序授权给有赞（并填写微信支付的信息：商户号和密钥。密钥在微信支付商户后台设置）；

（4）在有赞后台，提交小程序给微信审核；

（5）审核通过，小程序上线。

3）既然这么有用,该怎么一键授权呢

路径:进入小程序设置界面,即微商城后台—营销中心—经营渠道—微信小程序。具体操作步骤如下(见图6-57至图6-62):

（1）

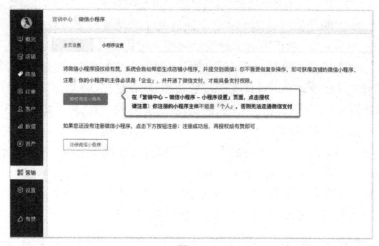

图6-57

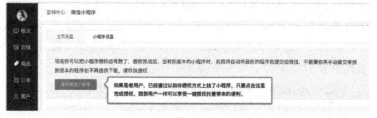

图6-58

（2）

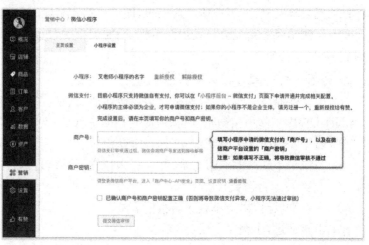

图6-59

(3)

图 6-60

(4)

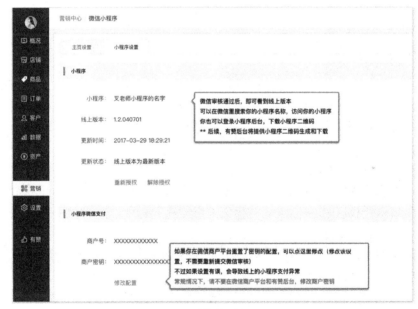

图 6-61

(5)

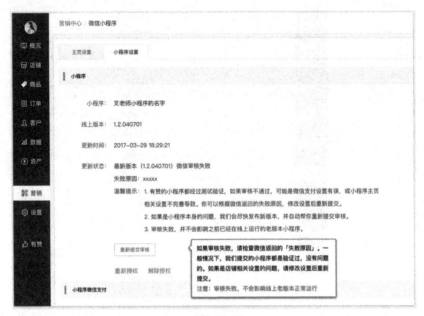

图 6-62

4)其他相关业务规则

(1)绑定关系1对1。

1个小程序只能和1个有赞店铺绑定(包括未来不同产品线之间,如微商城、美业、餐饮)。例如:如果"小程序A"已授权到"1号店铺",用户尝试将其授权给"2号店铺"时,系统会提示出错。这需要用户先去"1号店铺"的有赞后台中解除绑定。

(2)解除授权。

有赞小程序后台提供了"解除授权"功能,商家可以将小程序和店铺解除关联。

解除授权后,如果这个小程序之前有在线上运行,将不能再正常运行。

(3)重新授权。

重新授权,只能重新授权之前的小程序,我们只是去微信端重新获取小程序的"名字"等基本信息,没有什么实际作用。

如果商家在重新授权时,选择了其他小程序,系统会提示出错。

如果商家想将店铺绑定到新的小程序,需要先"解除绑定",再授权新的小程序。

(4)小程序更新。

当我们开发出新版本的小程序时,需要后端进行一次发布,将所有商家的新版本小程序提交给微信。

微信审核通过后,商家的小程序即可变为新版本。所以顺利的话,小程序的版本更新，不需要商家进行任何操作。

商家在有赞商家后台的小程序应用里，可以查看自己当前线上的小程序版本、是否有新版本更新以及更新状态。

新版本的小程序审核如果没有通过微信审核，商家可以在有赞后台手动提交。

新版本审核失败，不会影响线上老版本的正常运行。

关于一键授权托管有任何疑问或建议欢迎跟帖回复或者反馈给客户经理。

- **微商城小程序基础能力升级，五大升级开启小程序加力**

微信小程序最近几个月进行了密集升级，小程序能力得到了很大提升，有赞的小程序开发工程师们也是加班加点。继推出小程序一键授权托管，大大降低小程序的准入和审核更新门槛后，这次又推出了五大基础能力的升级，为大家的小程序开启加力模式。

1）本次升级的五大能力清单

（1）支持商品搜索：买家在小程序中找商品更加方便。

（2）支持商品分组：小程序微页面组件能够链接到各商品分组，有独立的商品分组小程序页。

（3）支持自定义商品推荐组件：自选商品推荐到自定义小程序模板，支持自由组合。

（4）小程序主页、商品页、商品分组页专属小程序码和小程序路径输出：满足各种小程序推广和连接场景。

（5）公众号自定义菜单支持小程序：可以链接到小程序首页、商品分组和特定商品。

特别提醒：小程序的新组件需要等新版小程序审核通过后才真正生效，所以请各位务必等新版小程序审核通过后再使用新组件功能，否则在老版本中使用新组件可能会被报错。

2）各功能模块详细介绍

（1）搜索组件及商品搜索小程序页面

① 路径：营销—微信小程序—主页设置。

② 选择便利店模板或者自定义模板，底部新增"搜索组件"，点击即可添加。

③ 被保存后即可出现在最新版的小程序中，被搜索后会出现商品搜索的小程序页。

（2）商品分组独立小程序页面

① 小程序中的商品分组只输出当前小程序支持的商品类型，不会输出商品分组管理中的其他自定义内容。

② 分组中商品排序按后台商品分组的排序设置规则。

③ 小程序微页面组件"图片广告"和"商品橱窗"链接模块新增链接到商品分组页面(图6-63)。

图6-63

(3) 自定义商品推荐组件

① 小程序便利店模板和自定义模板新增"商品"组件。

② 支持自定义选择不同分组的任意商品。

③ 大图、小图、列表等多种排版格式自由选择(图6-64、图6-65、图6-66)。

图6-64

图 6-65

图 6-66

3) 小程序码和小程序路径输出

(1) 对于授权给有赞且已经正式上线的小程序,小程序主页编辑界面新增"访问小程序"入口。

（2）点击"访问小程序"，展示小程序码（可以下载小程序码）。

（3）点击"小程序路径"，可以复制小程序主页对应的小程序路径，满足公众号图文链接到小程序等需求。

（4）对授权给有赞且已经正式上线的小程序，新增"商品"和"商品分组"列表。

（5）列表右侧操作区输出每件商品或者商品分组的专属小程序码和小程序路径，满足各种场景下的推广需求。

4）公众号自定义菜单支持小程序

注意：该功能只支持已经授权给有赞、绑定了公众号且正式上线的小程序。

（1）对于已经授权给有赞、绑定了公众号且正式上线的小程序，微商城公众号一、二级自定义菜单支持添加小程序、小程序商品、小程序商品分组。

（2）路径：营销—微信公众号—自定义菜单。

（3）对于符合条件的店铺，公众号自定义菜单"回复内容"中新增"小程序"链接。

（4）按微信规定，公众号自定义菜单链接到小程序时，必须有一个备用网页，在一些不支持小程序的老版本微信中点击公众号菜单会打开备用网页。

（5）对于符合条件的店铺，自定义菜单跳转商品新增"优先跳转到小程序"选项，默认不勾选，勾选后，点击菜单优先跳转到小程序对应商品页面。老版本微信不支持小程序，会跳转到备用网页，备用网页为当前选择商品的微商城商品详情页。

（6）自定义菜单跳转商品分组新增"优先跳转到小程序"选项，默认不勾选，勾选后，点击菜单优先跳转到小程序对应商品分组页面，备用网页为当前选择商品的微商城商品详情页。

- **微商城小程序组件能力升级，提升小程序体验**

小程序从2017年1月9日上线以来，大家对它的看法经历了"过山车式"的过程。上线前期大家对它的期望度很高，上线后，很多人感觉玩不起来，关注度逐渐下降。近期，小程序功能升级之快已经远远超出人们的想象，尤其是"附近的小程序"能够给商家带来流量，让大家对它又有很大的期盼。

笔者认为，不管小程序的未来怎样，你都该先占着"坑"。如果你想做一个电商小程序，但没有程序开发团队，可以借助有赞微商城小程序，一键授权、一键生成。有赞微商城小程序已经有9大行业模板、8大功能模块，让不懂程序的商家第一时间抢占小程序红利。

继上次小程序基础能力升级后,有赞一直致力于模板组件的能力扩展,除了近期新增的5款行业主页模板,本次有赞也推出小程序组件的能力扩展,旨在为大家打造更完备的小程序后台,进一步提升小程序的体验。

1)本次升级的功能点清单

(1)支持店铺信息组件:提供多种可选的店铺头部样式,打造店铺门面。

(2)支持文本组件:新增文字广告,支持自定义颜色和常规的文字排版。

(3)商品组件升级:提供更多显示元素配置项,可组合搭配出各种商品排版样式,个性化你的商品列表展示。

(4)图片广告升级:新增横向滑动形式的图片广告。

(5)小程序底部图标支持自定义:小程序底部图标支持同步微商城的店铺图标。

特别提醒:小程序的新功能需要等新版小程序审核通过后才真正生效,所以请各位务必等新版小程序审核通过后再使用新功能,否则在老版本中使用新组件可能会被报错。

2)各模块详细功能介绍

(1)店铺信息组件

① 路径:营销—微信小程序—主页设置。

② 选择除"默认""外卖版"之外的任意模板,底部添加内容可见"店铺信息"组件,点击即可添加,可以修改店铺信息的样式并更换背景图片。

(2)文本组件

① 路径:营销—微信小程序—主页设置。

② 选择除"默认""外卖版"之外的任意模板,底部添加内容可见"文本"组件,点击即可添加,可以调整文字大小、颜色、位置、背景色,并设置关联链接。

(3)商品组件

① 路径:营销—微信小程序—主页设置。

② 选择除"默认""外卖版"之外的任意模板,底部添加内容可见"商品"组件,点击即可添加。

③ 商品组件增加了"一大两小"样式和商品角标显示,新增了多种购物车按钮样式,并提供极简样式、瀑布流等丰富的商品列表展示。

(4)图片广告组件

① 路径:营销—微信小程序—主页设置。

② 选择除"默认""外卖版"之外的任意模板,底部添加内容可见"图片广告"组件,点击即可添加。

③ 图片广告组件增加了"横向滑动"样式,可以选择大图或小图的滑动效果。
(5) 小程序底部图标
① 路径:微商城后台—设置—通用设置—店铺底部图标。
② 微商城的自定义图标会同步到小程序端。

• 小程序微页面上线,23种模板供你选择

你还在为只能保存一个小程序页面而发愁吗?

有赞推出了小程序微页面功能,支持一个小程序创建多个微页面,你可以自由选择某一个微页面作为自己的小程序主页,再也不用担心切换模板后老数据丢失啦!

具体功能介绍如下:

路径:营销—微信小程序—小程序微页面。

小程序页面顶部增加了"小程序微页面"菜单,点击进入小程序微页面,所有的小程序微页面都显示在这里。

你可以选择任意微页面作为小程序主页,对微页面进行复制、编辑、删除操作,还可以通过微页面标题关键词搜索微页面。

点击"新建微页面"按钮,选择合适的模板创建一个小程序微页面。有赞提供了23种行业模板,之后还会不断补充新的模板。

预告:小程序组件关联链接支持跳转到小程序微页面正在火热开发中,敬请期待!

• 小程序支持到店自提啦,小程序引客到店玩起来

拥有线下门店的商家是小程序的主要服务对象之一,附近的小程序等功能是商家给门店引流的重要手段,因此引客到店自提就成为小程序最为迫切需要支持的场景。有了到店自提功能,附近的小程序引客到店将一路畅通,赶紧升级小程序吧!

1) 相关说明

(1) 小程序自提跟微商城后台在同一个地方设置,不需要额外处理;

(2) 小程序端的自提下单流程跟原来微商城的 H5 自提下单流程基本一致,有少许体验优化;

(3) 自提订单处理跟原来微商城自提订单处理方式一致。

2) 小程序端主要界面

(1) 只要微商城后台开启自提(路径:微商城后台—设置—订单设置—上门自

提),小程序下单就有对应的自提选项。

(2)为了方便买家选择,当同时支持快递和自提的情况下,除了顶部可以切换,在配送方式的地方也增加了自提的选项。

(3)提货点的选择,支持按距离排序、按城市筛选、按自提点名称搜索等多种方式。

(4)如果对应的自提点开启了"需要买家选择自提时间",自提下单就会有相应的自提时间选项。在小程序中自提时间的最小可选时段是半小时。

(5)自提下单后,小程序端买家可以看到自提订单的各种状态以及提货码信息。

• 小程序账号绑定手机账号,大家期待的账号打通来了

自从小程序上线后,大家一直关心小程序的买家账号跟微商城账号打通的事情,经过工程师们的努力,账号终于打通了。

注意:需小程序升级为1.4.08222及以上版本后生效。

1)典型场景

买家同一个微信账号,之前在微商城通过手机号进行了注册,下了一些订单,在小程序中只要绑定一次手机号,就能够看见这些订单了。反之,小程序中下的订单,在微商城中也能看见,两边互通。

2)账号绑定相关规则说明

(1)当买家在小程序中首次进行下单、把商家添加购物车、访问用户中心、访问购物车等跟账号相关的任意一种操作时,会提示输入手机号、密码,实现对买家微信账号和手机账号的绑定。

(2)买家在微商城中咨询客服等场景下也同样有微信账号和手机账号绑定的操作。

(3)当买家在小程序和微商城中都绑定了手机号,就实现了同一微信账号的微商城、小程序互通。

(4)每个微信账号只需要绑定一次,下次自动互通。

(5)绑定后,在微商城下的订单,在小程序中可以看到;在小程序中下的订单在微商城中也可以看到。

(6)账号打通是实现未来更多功能互通的前提,比如会员卡、优惠券等等。

3)账号绑定后在小程序中的订单输出规则

(1)账号绑定后,同一手机账号下的订单都会在小程序订单列表和微商城订单列表中输出。

（2）因为小程序目前支持的商品类型、营销玩法比微商城少，所以像拼团、周期购、酒店订单等在小程序中还无法直接查看订单详情，小程序会以提供复制订单地址的方式供查看。

- **微商城小程序基础能力升级，菜单可链接、导航可自定义等6大功能来了**

  小程序基础能力又升级啦！本次升级功能点清单如下：
  （1）新增富文本、公告、辅助线、辅助空白组件。
  （2）商品分组组件扩展：显示个数自定义，支持列表样式配置。
  （3）商品列表组件扩展：显示个数自定义，支持导航样式配置。
  （4）组件关联链接支持链接到小程序微页面。
  （5）公众号自定义菜单支持链接到小程序微页面。
  （6）底部导航自定义。
  （请注意文末红色文字）
  功能说明：
  （1）富文本、公告、辅助线、辅助空白组件（图6-67）。

图6-67

(2) 商品分组组件扩展:显示个数自定义,支持列表样式配置。

(3) 商品列表组件扩展:显示个数自定义,支持分组导航样式配置。

(4) 组件关联链接支持链接到小程序微页面。

注意:小程序规定页面路径超过5级后点击无法跳转,请尽量避免多层级的交互方式,不要设置过长链路。

(5) 公众号自定义菜单支持链接到小程序微页面。

路径:营销—微信公众号—自定义菜单。

(6) 底部导航自定义:可选择导航图标,调整导航文案、位置、个数、关联链接。

注意:由于微信小程序的限制,每次更改导航配置需重新提交微信审核,审核通过后才可生效(只更换微页面链接无需审核)。

特别提醒:小程序的新功能需要等新版小程序审核通过后才真正生效,所以请各位务必等新版小程序审核通过后再使用新功能,否则在老版本中使用新组件可能会被报错。

• 微信小程序哪家强?对比一下见真相!

如果说2017年伊始人们对小程序还有些陌生,那么,经过大半年的更新迭代,小程序似乎已慢慢成为企业、商家皆知的名词,而随着小程序流量入口的不断开放,越来越多人开始接入小程序。

但拥有自己的小程序实属不易,靠谱的技术团队、漫长的开发周期,动辄上万元的资金成本等都让商家望而却步。此时,求助一个靠谱的服务商就显得非常重要。那么,问题来了:微信小程序哪家强?今天,笔者找来市面上的三家服务商,对比见真章!

1) 杭州邦杰网络科技有限公司

杭州邦杰网络科技有限公司,2014年成立,一直都在做微信营销系统的开发,据说是全国影响力较大的微信营销系统杭州CMS(内容管理系统)的提供商。

通过百度搜索"小程序开发",搜索结果的第三条就是这家公司。一个以开发CMS为基础的公司来做小程序,确实具有其自身的优势。进入小程序推广页面后,邦杰网络科技给自家小程序打的口号是"微信上5公里内展示您的产品及企业"。由于公司服务范围较为广泛,且没有太具代表性的小程序开发案例,小程序开发能力并未完全突显。

2) 杭州七彩云科技有限公司

杭州七彩云科技有限公司在其官网上是这样介绍自己的:七彩云服务隶属于杭州万曲品牌管理有限公司,是一家商家服务公司,服务于中小型企业,帮助互联网时代的生意人创造更大收益。在新零售的时代风口下,我们提供一站式技术解决方案,给各种企业、个人、商家提供更多可能性。

在七彩云的小程序模板大厅里,其口号是"行业细分模板量身打造"。但目前展示的内容只能满足美业、外卖、电商三个行业,同时,除了美业涵盖较多功能,外卖和电商模板还是以展示为主,营销功能较少。

七彩云小程序后台

3) 杭州有赞科技有限公司

说到有赞,它的定位是商家服务公司,电商交易能力应该说是非常强大的。其旗下产品也比较丰富:有赞微商城、有赞零售、有赞餐饮、有赞美业、有赞收银以及面向开发者的有赞云。而且,很多知名企业、明星自媒体人等都在使用有赞微商城,其积累了一堆案例和营销玩法。

如果说有赞做小程序和其他家有什么区别的话,笔者觉得是有赞把多年积累的线上交易能力和营销能力都给了小程序,优惠券、拼团、秒杀、搭配套餐等都将成有赞小程序的营销功能,因此,有赞的小程序不是那种偏展示型的。

同时,有赞现在全产品线都对接上了小程序,最近还推出了包括外卖、便利店、大电商、生鲜果蔬、美妆、日用百货、家居家纺、箱包配饰等 40 余种行业模板,而且小程序接入价格也蛮合理——580 元,笔者相信大家应该都能接受。目前包括周黑鸭、良品铺子、CAMEL 骆驼都通过有赞一键接入了小程序,这样的品牌背书,笔者是要点个赞的。

如今,因为小程序风口,很多企业蜂拥而上。市面上一些所谓的服务商,见到有利可图,纷纷介入这块市场,拼命进行包装、功能凑数、案例造假。而真正的小程序,绝不是展示型的花架子。我们还要从业务场景出发,与交易、营销深度结合,才能真正抢占市场先机。所以,该怎么选择,大家心里应该都有数。

● 微信小程序绑手机号优化升级,不强制绑定,可免密登录

为了识别在不同微信应用以及微信外渠道的同一用户信息,前段时间上线了小程序绑定手机号功能。因绑定手机号过程有点烦琐,影响到买家体验,2017 年 9 月对小程序绑定手机功能进行了优化升级(更新到小程序 1.6.0 版本后生效)。

1) 主要有以下优化点

(1) 下单、购物车、用户中心等不直接触及买家虚拟资产类的流程不再强制绑定手机号。

(2) 购物车、订单列表等需要信息互通的地方引导绑定手机号。

(3) 优惠券/优惠码属于虚拟资产类,在手动领取、查看优惠券等流程中仍需

要绑定手机号；

（4）绑定手机号过程优化，从原来的"手机号＋密码"登录改成验证码方式免密登录。

2）相关说明

因为改成不强制绑定手机号，在未绑定手机号前，买家在微商城下的订单、领取的优惠券等在小程序中无法看到。

- **微商城支持小程序注册认证服务**

为了商家微商城与小程序更紧密地结合，有赞推出了商家后台直接注册认证小程序的服务。

商家订购小程序插件后，可直接在有赞完成小程序的注册、认证流程，认证通过后可通过有赞后台维护小程序的基本信息。

功能介绍：

1）授权注册页

订购小程序后，商家可选择授权已有小程序或直接通过有赞后台注册微信小程序。

点击下方按钮注册，进入注册认证流程，注册成功后，该小程序将默认授权给有赞。注册过程需支付300元认证费（为腾讯支付给第三方审核公司的服务费），有赞不收取其他任何费用。

注意：在有赞注册认证成功的小程序可直接在有赞后台维护小程序基本信息，但由于微信侧能力限制，此类小程序暂不支持在微信公众平台登录。

2）信息登记

（1）主体信息登记。

目前，微信侧开放企业主体类型的小程序代注册，商家需在此页填写正确的企业信息。

（2）小程序名称登记。

请按规则命名小程序，若名称涉及企业商标，需提供所持身份证照和补充材料。

（3）管理员信息登记。

请填写正确的管理员信息，后续微信认证的审核人员将会联系此管理员进行信息确认。

(4) 企业资料上传。

请上传企业资料,其中公函需先下载,填写打印盖章后拍照或扫描上传,公函中的填写内容需与前面步骤中对应的填写内容保持一致。

3) 发票填写

请选择需开具的发票类型,填写正确的发票信息,纸质发票将由第三方审核公司寄送。由于财务确认、邮政寄送等原因,发票一般在审核完成后 45~80 天内开具。

4) 微信支付

认证需使用微信扫码支付 300 元认证费。微信认证费是腾讯支付给第三方审核公司的服务费,为 300 元/次,每申请一次认证均需支付一次费用。若认证失败,费用不予退还。审核中 30 天内有 3 次补充或重填机会,请留意小程序设置页的审核状态。

支付成功后商家会收到审核派单短信,可根据短信中的电话联系审核公司查看认证审核进度。

5) 小程序基本信息维护

以上步骤完成后,小程序设置页会显示小程序基本信息。

商家可在此管理小程序头像、介绍、服务类目等基本信息。

- **小程序支持客服功能啦,多个渠道的客户咨询轻松接待**

微信最近几个月针对小程序进行了密集升级,小程序在能力上得到了很大提升,其中包括开放了客服消息相关的接口,并且为客服消息提供了消息推送和消息通路上的支持。

1) 相关说明

(1) 小程序跟微商城的客服开关在同一个地方设置,已经在微商城开启在线客服的,小程序客服自动开启,只需要在后台更新小程序即可。

(2) 小程序的客户接待流程跟原来微商城的接待流程基本一致,有少许体验优化。

图 6-68

2)消费者端界面

(1)联系客服入口。

只要微商城后台开启客服开关(路径:微商城—设置—通用设置中—联系卖家/在线客服),小程序商品详情页和全部状态下的订单详情页就会出现客服按钮。

(2)聊天界面。

客户点击联系客服入口,进入到聊天会话页面,目前微信已支持文字、表情、图片、拍照和小程序卡片消息。如图 6-69 所示,点击右下角"可能要发送的小程序"提示框,可发送商品小程序卡片和订单小程序卡片消息。

(3)查看小程序客服消息。

微信消息列表提供了一个叫"小程序客服消息"的结点,可以查看客户曾经发起过咨询的所有小程序,按照最近一条消息的时间倒序排列(图 6-70)。

图 6-69

图 6-70

(4) 新消息提醒。

小程序客服消息页面(图6-71右图)右上角按钮可以进入通知设置,默认"消息通知提醒"是开启的。开启后,当客服回复消息时,客户就能收到推送提醒(图6-71)。

图 6-71

3) 客服端界面

(1) 接待列表中,会通过标签标示当前客户咨询是从小程序发起的。

(2) 根据微信小程序的规则,客户每发送一条消息,客服在48小时内最多只能回复5条消息。转接和多人接待的情况,按照多个人的发送数量之和计算,最多不超过5条。

(3) 客户在会话中发送了商品小程序卡片/订单小程序卡片时,客服可以接收到相应的卡片消息,可快速预览商品信息/订单信息,点击之后跳转至对应的商品详情/订单详情。

(4) 同一个店铺的客户可能会从公众号、微商城、小程序等多个渠道发起客服咨询,为了将多个渠道的咨询识别为同一个人,本次新增了查看聊天记录入口,点击浮出客户会话记录,可查看该客户在所有渠道下的咨询记录,辅助客服做出不同的接待策略。

• 微商城小程序支持"微信支付—代销"

微信小程序基于地理位置等自带特殊属性,串联起了线上线下的场景,微信小程序是一个流量红利入口。

商家都想用小程序卖货变现,但是小程序的申请复杂且小程序微信支付申请具有较高的门槛。

千呼万唤中,小程序支持微信支付—代销功能,震撼来袭!

1) 自有微信小程序的商家如何使用小程序微信支付—代销功能

(1) 订购小程序,进入小程序设置页。

(2) 授权小程序,申请小程序微信支付—代销。

(3) 给授权的小程序选择支付方式。

默认建议为小程序选择微信支付—代销,后期可以享受更多的拼团订单、分销订单特权。

如果你的小程序已经申请了对应的微信支付,你也可以切换使用微信支付—自有。

在确定完支付方式后,点击提交微信审核。

提交申请微信支付—代销后,审核开通需要1~3个工作日,请耐心等待。

(4) 等待小程序发布。

微信支付—代销完成审核后,会自动进入到小程序设置详情页。此时,表明你的小程序已获得微信支付—代销的能力,只差微信对小程序进行最终审核,微信审核完成后,小程序就可以正常使用了。

同时,你也可以在小程序设置详情页选择切换支付方式。

2) 有赞代申请小程序的商家如何使用小程序微信支付—代销功能

(1) 先在微商城商家后台提交材料完成小程序代申请。

小程序代申请如何操作请扫码查看(图6-72)。

图6-72

商家申请完成后,有赞微商城会自动绑定小程序,商家只需要按照以下流程提交微信支付—代销能力即可。提交申请微信支付—代销后,审核开通需要1~3个工作日。

（2）微信支付—代销能力申请完成后，小程序即可发布。

小程序的微信支付—代销申请完成后即可跳转到相应页面，并自动发布新版小程序。你也可以点击重新提交小程序进行更新。

使用小程序代销支付能力须知：

① 需要向微信提交新版小程序，新版小程序发布后，商家才可以使用微信支付—代销功能。

② 申请小程序微信支付—代销前，请先在"设置"中完成店铺主体信息认证，通过及添加店铺地理位置。

③ 关于被授权的微信小程序，商家要先完成小程序认证及小程序基本信息初始化填写，才能申请小程序微信支付—代销。

关于小程序微信支付—代销功能收取的货款，请商家前往店铺余额中统一管理及提现。

小程序已支持多人拼团

1）使用条件

- 小程序升级到1.9及以上版本。
- 小程序微信代销审核通过。

2）使用说明

（1）拼团微页面组件。

- 拼团组件可以支持自动添加拼团，按一定的排序规则添加一定数量的拼团商品，免去你每天更新商品的烦恼。
- 当然，也可以选择手动添加商品，满足你个性化的需求（图6-73）。
- 为了更好地满足大家的需求，有赞提供了大图、小图和详细列表三种样式供大家选择。
- 商家可以自行配置是否展示商品标题、已团人数，也可以配置列表是否展示售罄商品。

（2）拼团推广。

- 若商家开通了小程序，在拼团活动列表的"推广"中，会增加"小程序"的选项。
- 商家可以复制"小程序路径"，下载"小程序码"，下载"小程序推广图"。
- 商家可以把小程序推广图分享到微信聊天、朋友圈或微信公众号进行推送，吸引顾客到小程序中购买拼团商品（图6-74）。

图 6-73

图 6-74

（3）拼团商品详情。

- 若商品参加了拼团活动,商品详情页会展示其拼团相关活动信息。
- 顾客可以选择单买,也可以选择以优惠价开团。即使开启了凑团功能,顾客也可以选择加入别人的团。

（4）邀请拼团好友参团。

- 支付成功后,若团的人数还没有凑齐,可以把这个团分享给好友邀请大家来拼团。
- 若在 24 小时内人数拼齐,即拼团成功(若开启了模拟成团,则人数未满的团 24 小时后也会自动拼团成功)。
- 若在 24 小时内人数未凑满,且未开启模拟成团,则拼团失败。钱款将会自动退回。
- 若团未满,好友可以选择参团。若团已满或已失效,好友可以选择新开团。

（5）其他说明。

- 拼团是强制走微信代销的,需要微信代销审核通过后才能使用。如果当前开启的是微信自有支付,只要微信代销审核通过,拼团商品将自动切换为微信代销支付。
- 若设置了团长代收,则团员下单可以选择由团长代收包裹。

• 小程序增加自动更新功能

为保证每次微商城小程序发新包,商家端能尽早体验小程序新能力,有赞增加了小程序自动更新功能。该功能开启后,每次小程序更新版本会自动将商家小程序提交审核(图 6-75)。若自动更新失败,则需商家根据失败原因修改后手动提交新版本审核。

此功能默认开启,商家可手动关闭。

设置路径:PC 后台—微信小程序—小程序设置。

图 6-75

• 小程序模板消息——支持催单、付款、发货、签收等场景

小程序功能越来越强大,使用的商家也非常多,为了改善买家在小程序的购物体验,本次小程序更新支持了模板消息功能,支持以下场景下给买家发送小程序消息提醒(图6-76)。

序号	名称
1	买家下单后一段时间未付款,给买家发送催付信息
2	付款成功,给买家发送消息通知
3	商家点击"发货"后通知买家已发货【物流快递】
4	包裹签收,给买家发送消息
5	退款维权订单,商家同意退款立即给买家发送消息
6	退款维权订单,商家拒绝退款立即给买家发送消息

图6-76

注意:本功能仅对已经关联了微信小程序且授权给有赞的店铺有效,模板消息默认不开启,需要使用的商家可以自行在后台开启。

另外,因小程序消息本身有消息条数限制,所以分包裹发货,不一定对每个包裹的买家都能发消息。

1) 如何开启

(1) 路径:微商城后台—营销—消息推送—交易物流提醒。

(2) 点击对应的消息场景。

(3) 每条消息都有一个内容示例,对需要发消息的模板勾选并保存即可。

2) 买家收到的消息会在哪里

(1) 买家会在微信消息列表的"服务通知"看到小程序消息。

(2) 点击消息底部的"进入小程序查看"或点击消息内容,可以直接打开小程序对应页面。

(3) 点击消息左上角小程序图标,可以进入小程序首页(图6-77)。

图 6-77

• 微商城小程序组件升级 4 期

小程序组件又升级啦！本次升级功能点如下：
(1) 新增门店组件,补充线下门店场景,支持地图引导到店和电话联系商家。
(2) 新增联系客服组件,微页面也可以直接联系客服进行咨询。
(3) 升级图片广告组件,增加了 1 行 1 个和自定义热区的图片模板。
功能说明：
(1) 线下门店组件(图 6-78)。
(2) 联系客服组件(图 6-79)。
(3) 绘制热区。
买家在小程序端点击热区区域会跳转到对应的链接页面。

图 6-78

图 6-79

- **微商城小程序组件升级 5 期,魔方最多可支持 7×7**

  本次微商城小程序组件升级,除限制折扣、进入店铺等小细节外,笔者认为最好用的功能就是魔方功能了。魔方组件有 7 种常用的布局模板,商家不用每次都要选择布局方式,可快速点击自己使用的模板。最重要的是,魔方除支持 4×4 布局外,还可支持 5×5、6×6 布局,最多可以 7×7 的布局,想要的魔方效果可以让人有更多想象空间了。

小程序组件又升级啦！本次升级功能点如下（商家需在小程序升级到 V1.13.0 及以上版本后使用）：

（1）新增限时折扣组件，有大图、小图、详细列表三种样式可选。

（2）新增魔方组件，提供多种模板，可自定义图片布局。

（3）新增关联链接、标题、进入店铺组件。

（4）优化文本、联系客服组件。

功能说明：

（1）限时折扣组件。

限时折扣组件有大图、小图、详细列表三种样式可选，并可以控制商品名称、按钮等元素是否展示（图6-80、图6-81）。

图6-80

（2）魔方组件。

有赞同商城提供了若干常用的魔方模板和自由度较高的自定义划定图片布局的功能。

（3）关联链接、标题、进入店铺组件。

①关联链接组件。

②标题组件。

提供传统和微信图文页两种样式。

③进入店铺组件。

最多支持输入7个字的进店描述（图6-82）。

图 6-81

图 6-82

(4) 文本、联系客服组件。

文本组件增加了跳链时的引导箭头；联系客服组件调整了高度，更便于买家点击。

- **小程序支持"买单"啦,线下收款＋引流小程序两不误**

每个扫小程序码付款的用户,都会在小程序列表留下商家的小程序,如此吸粉是不是让人很激动?

1) 商家如何设置
- 小程序升级到 1.15.2 及以上版本。
- 路径:微商城后台—营销—扫码收款—小程序收款,创建小程序收款码。
- 除了原价收款,我们还提供了"满减""打折""赠送"等多样买单营销玩法(图 6-83)。

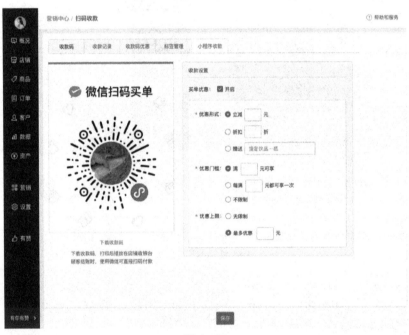

图 6-83

2) 商家如何推广
- 商家可以下载"小程序收款码",打印后放在收银台引导消费者扫码买单(图 6-84)。
- 商家也可以在小程序微页面处添加"买单组件",消费者在小程序店铺中就可以直接点击买单。

图 6-84

3）消费者如何买单

- 消费者"扫码"或者点击"买单",即可进入买单页面。
- 消费者输入消费总额和不参与优惠金额付款。如果消费总额满足优惠门槛,即可享受相应的优惠。

• 微商城小程序基础能力升级 6 期

小程序基础能力再次升级!本次升级功能点如下(商家需在小程序升级到 V1.15.2 及以上版本后使用):

(1) 新增买单组件。
(2) 新增语音组件。
(3) 限时折扣组件增加进度条、剩余库存显示。
(4) 图片广告新增"横向滑动(导航)"模板。
(5) 小程序支持全店风格。

功能说明:

(1) 买单组件。

在小程序微页面处添加"买单"组件,消费者在小程序中就可直接点击买单(图 6-85)。

图 6-85

(2) 语音组件(图 6-86)。

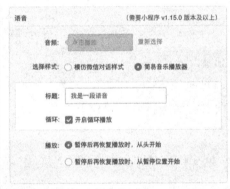

图 6-86

(3) 限时折扣组件。

大图、详细列表增加了进度条和剩余库存显示。考虑到小图显示进度条会使得整张商品卡片过长,有赞微商城在小图上仅支持显示剩余库存。

(4) 图片广告新增"横向滑动(导航)"模板。

选择一屏显示的图片数,当上传的图片数超过一屏显示数时,可向左滑动查看更多图片。

(5) 小程序支持全店风格。

商品组件、商品详情、购物车、订单等页面会同步全店风格的配色。

• 小程序支持同城送，同城送、定时达都可以玩起来了

助力小程序门店经营场景，小程序已经支持同城送了，更新到 1.17.3 及以上版本即可生效。

1）同城送常见应用场景举例

（1）利用附近的小程序吸引周边买家，同时在小程序主页放出同城配送信息，扩大业务覆盖范围。

（2）同城送已经介入第三方达达配送服务，商家即便自己没有配送能力，也可以通过第三方达达配送来完成更大范围的业务覆盖。

（3）利用定时达服务，可以根据自己的服务能力设置按天、半天、小时、半小时的各种定时送达服务，满足餐饮外卖即时送、蛋糕鲜花准时达等场景。

（4）根据门店当前服务能力，利用定时达的服务时间，可以实现灵活的同城送服务的暂停和开启。

（5）根据店铺实际情况，商家可以灵活选择是对配送范围进行强制超区校验还是图文描述配送范围等。

2）适用商家

同城送适合餐饮外卖、休闲零食、蛋糕烘焙、生鲜果蔬本地配送，便利店配送等。

小程序同城送跟微商城 H5 的同城送功能一致，小程序同城送相关配置也在微商城 H5 同城送的同一个地方设置。

3）后台设置

（1）同城送设置：微商城后台—设置—订单设置—同城配送。

（2）支持简易版同城送，通过图文描述配送范围，适用于一些地图地理位置收录不全的地区，比如新开发区、欠发达地区。

（3）也支持高级版同城送，可以在地图上划定配送区域，系统会根据买家收货地址自动判断是否超区。

（4）支持同城送的定时达服务，支持配送时段、提前预约、最长可预约时间等设置。

（5）支持设置同城配送的起送价和配送费。

4）买家下单

（1）根据设置的同城送类型，买家下单可实现个性化展示。简易版同城送不强制校验是否超区，会展示图文形式的配送区域；高级版同城送会根据配送区域校验是否超区。

(2)当买家选择同城配送,系统还会校验起送金额、同城送定时达服务时间,以及同城送配送费。

5)同城送订单管理

(1)可以在订单管理中,通过物流方式,筛选出专门的同城送订单。

(2)还可以根据预约送达时间来筛选某一时段需要送到的订单,配送更精准。

(3)同城配送目前已经介入第三方达达配送,可以利用第三方配送能力提升业务覆盖范围。

• 微商城小程序基础能力升级 7 期

小程序基础能力又升级啦!本次升级功能点如下(商家需在小程序升级到 V1.18.5 及以上版本后使用):

(1)商品组件支持自定义图片角标。

(2)商品组件支持自定义购买按钮文案。

(3)商品 1 行 3 个和横向滑动增加购物车按钮。

(4)图片广告组件 1 行 1 个、横向滑动支持配置图片间隙。

(5)魔方组件支持配置图片间隙。

(6)商品详情页支持主图视频。

(7)商品详情页底部按钮可配置。

(8)商品详情页支持展示成交记录。

功能说明:

(1)商品组件支持自定义图片角标。

商品组件中角标选择自定义,建议使用 36×36 像素的 png 图片。

(2)商品组件支持自定义购买按钮文案。

商品组件文案类型的购买按钮支持更改文字,考虑到小屏幕小图模式下按钮文字过长可能会遮盖价格,支持最多输入 4 个字。

(3)商品 1 行 3 个和横向滑动增加购物车按钮。

商品组件 1 行 3 个和横向滑动样式下支持显示"+"购物车按钮。

(4)魔方、图片广告组件 1 行 1 个、横向滑动支持配置图片间隙。

(5)商品详情页支持主图视频。

小程序商品详情页也能同步显示主图视频。

(6)商品详情页底部按钮可配置。

(7)商品详情页支持展示成交记录

在"设置—通用设置"中将"销量及成交记录"开启后,小程序商品详情页会显示"成交记录"标签,点击下方展示该商品的成交记录。

• 小程序一键关联到授权给微商城的公众号

为帮助商家将微商城绑定的公众号、小程序进行能力结合,微商城后台接入了小程序关联到授权给微商城公众号的能力。

授权给微商城的小程序,若微商城同时存在被授权成功的公众号,商家可直接在"小程序—小程序"设置标签页中将小程序关联到此公众号。

关联后小程序会默认出现在公众号资料页,并给公众号粉丝下发模板消息通知,商家亦可在自定义菜单和公众号图文中插入关联的小程序。

注意:

(1)此关联操作受到"同一个小程序最多关联500个公众号""公众号可关联同主体的10个小程序及不同主体的3个小程序""公众号每月关联次数"的限制。

(2)此关联目前仅支持在微信平台注册的小程序。

• 小程序支持我的积分 & 积分商城

该功能目前仅有体验版小程序,升级到1.19.5及以上版本可以使用。

1)我的积分

- 客户会员主页会展示"我的积分"入口。
- 我的积分页面会展示客户的可用积分、积分变动记录、积分商城兑换记录。
- 若商家开通了积分商城,会在客户的"我的积分"处展示"积分商城"入口。
- "我的积分"配色将同步全店风格配色。

注意:

- 如何设置全店风格?商家可以至"店铺—全店风格"处设置适合自己的店铺配色。
- 如何给客户发积分?商家可以配置积分规则,客户可以按消费金额获得积分。商家也可以设置满减送、签到送积分等营销活动给客户发放积分。商家也可以在后台的客户菜单里,给客户手动发放积分。
- 客户如何用积分?客户可以用积分参加互动营销活动,也可以去积分商城兑换商品优惠券。

2)积分商城

- 若商家开通了积分商城,会在"我的积分"处展示"积分商城"入口。
- 你也可以复制积分商城的小程序路径,使用微页面的"小程序路径"功能,在微页面里自行添加积分商城入口。

- 你也可以下载图片分享到朋友圈,其他好友可以扫码进入小程序积分商城。
- 积分商城展示商家在后台配置的积分兑换商品和优惠券/优惠码列表。
- 支持兑换商品,支持兑换优惠券/优惠码。

- **微商城小程序基础能力升级 8 期,支持小程序间互相跳转**

小程序基础能力又升级啦!本次升级功能点如下(商家需在小程序升级到 V1.19.7 及以上版本后使用):

(1)支持小程序间互相跳转。

(2)商品分组组件升级。

① 商品分组可选择"左侧菜单"样式。

② 商品分组选择顶部菜单后,支持菜单自动固定在顶部,且分组内可选择展示全部商品。

③ 商品分组选择顶部菜单后,新增大图、小图、一大两小、一行三个、横向滑动等样式。

(3)支持积分和积分商城。

- 功能说明:小程序间互相跳转见图 6-87、图 6-88。

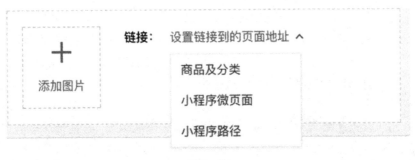

图 6-87

- 功能介绍:小程序页面可跳转到与同一公众号关联的其他小程序,帮助商家构建小程序矩阵,形成商业闭环。

- 适用场景:

① 广告推广。客户很多的内容小程序,可以利用跳转功能为其他小程序引流,实现广告变现。

② 矩阵式推广。拥有多个小程序的商家可构建小程序矩阵,如内容小程序直接跳转到电商小程序,客户读完文章直接跳转到电商小程序实现购买转化,有效降低了小程序的流量获取成本。

图 6-88

- 使用说明：在装修店铺时，图片广告、魔方、文本、标题等组件可选择链接到"小程序路径—链接到其他小程序"，商家只需填写小程序 app Id 和路径即可。根据微信要求，仅关联到同一公众号的小程序之间可以互相跳转。

• 有赞微商场上线公共版小程序，无需申请，免费使用

1）可使用的商家类型

可使用的商家是指没有订购使用过专享版小程序的微商城或者零售的商家。

注意：已经使用付费版本小程序的商家无需更换，一个店铺后台只能选择一个小程序版本。

2）商家后台如何开通使用

（1）微商城。

① 店铺后台—店铺—小程序装修，选择公共版小程序即可进入小程序首页。

② 店铺后台—店铺—店铺概况，通过"访问店铺"按钮查看或下载店铺小程序码；或者从店铺后台—店铺—小程序装修—小程序首页标签下的"访问小程序店铺"按钮查看或下载店铺小程序码。

(2) 零售。

① 店铺后台—网店—小程序装修,选择公共版小程序即可进入小程序首页,可以通过"访问小程序店铺"按钮查看或下载店铺小程序码。

② 店铺后台—网店—店铺概况,通过"访问店铺"按钮查看或下载店铺小程序码;或者从店铺后台—网店—小程序装修—小程序首页标签下的"访问小程序店铺"按钮查看或下载店铺小程序码。

3) 公共版小程序能力

(1) 页面可视化装修。

40多个行业模板,一键应用、省时省心。

微商城商家可以在店铺—微页面(零售商家可以在网店—微页面)配置自己的小程序店铺页面。

(2) 完整的小程序商城。

集合了商品管理、店铺管理、客服管理、会员管理、互动营销等全面的商城能力。

(3) 全方位一站式服务。

有赞积累多年客户成功经验,提供360°全方位服务。专属客户成功经理,专业指导;在线服务答疑,操作问题快速解答;有赞学院,在线课堂,运营培训;茶会小报,培训直播,经验分享;有赞商盟,线下活动,实战培训……

4) 消费者查看公共版小程序店铺

(1) 通过主动扫描公共版小程序码,消费者直接访问商家的公共版小程序店铺,浏览下单。

(2) 通过将自己的小程序店铺直接分享给消费者,消费者点击对话中的小程序卡片直接访问商家的公共版小程序店铺。

(3) 通过微信—发现—小程序列表访问公共版小程序店铺,浏览下单。

消费者之前通过扫码或者小程序店铺链接访问过商家A的公共版店铺后,会在微信—发现—小程序列表中自动生成一个小程序访问记录"有赞",下次消费者可以通过点击有赞小程序,找到自己曾经访问过的店铺A进入该店铺的小程序。只有曾经访问过的公共版小程序才会出现在有赞小程序的列表中,最后一次访问的小程序排在第一位。

(4) 通过微信首页任务栏的小程序列表访问公共版小程序店铺,浏览下单。

• 怎么看待有赞公共版小程序?

2018年3月10日,有赞上线公共版小程序,免费使用且无需申请。有人就问了:公共版小程序可以给我带来流量吗？既然免费,我是不是该选择公共版小程序？

1) 公共版小程序和专享版小程序的区别

公共版小程序是不需要商家申请小程序后台的,因为没有专门的后台,所以只能使用微信支付—代销功能(交易成功余额在店铺)。商家只需一键即可申请自己的小程序,且于"有赞"小程序中露出。如果消费者使用了公共版小程序A,下次查找时可以到"有赞"小程序的列表找到,且后使用的小程序位置处于早使用的小程序前面。总之,从上线小程序成本来看,公共版小程序免费且快速。

专享版小程序需要商家单独申请自己的小程序后台,需要商家经过简单的配置才可以上线自己的小程序。商家可以使用微信支付—自有(即自己的微信支付,消费者付款后钱款在微信支付商户平台),也可以使用微信支付—代销。简而言之,就是商家申请好自己的小程序后台,然后授权给有赞,即可上架自己的小程序,且小程序是自己独有的。假如消费者使用专享版小程序B,下次查找时可以到小程序列表直接找到店铺B。总之,专享版小程序上线稍微复杂,但小程序是自己独有的,付一些费用还是值得的。

相对于专享版小程序来说,公共版小程序的入口更复杂了一些,要通过有赞的小程序入口才能进入,而专享版小程序则可在小程序列表直接进入。两者的营销工具、装修模板都是一样的。

2) 公共版小程序是商家共享的,那可以给我带来流量吗

答案是否定的。只有消费者添加过的公共版小程序才可以在小程序"有赞"里,没有添加过的不会在里面显示。所以,商家不要坐享其成,等着别人带来流量的。只有多去推广自己的小程序,才有机会增加自己小程序的曝光率。

公共版小程序是帮助那些想快速上线自己的小程序、抢占第一波流量的商家,商家可根据自己的实际情况选择相应的小程序。

• 小程序支持多网点,新用户可自动匹配最近网点

相比于H5版多网点,小程序多网点有一些不同之处:

1) 小程序自动进分店

(1) 功能路径:微商城电脑版后台—营销—多网点—功能设置。

(2) 该功能默认不开启,勾选并保存后,新用户访问小程序,根据用户位置自动进入距离最近的网点,无需手动选择网点。

(3) 不管是否开启自动进分店,对于老用户,在没有指定网点的情况下,默认访问上次访问过的网点,这个规则不变(图6-89)。

图 6-89

(4) 对于未授权地理位置的买家,微信会提示地理位置授权,如果"不允许"授权,则仍旧需要手动选择网点(图 6-90)。

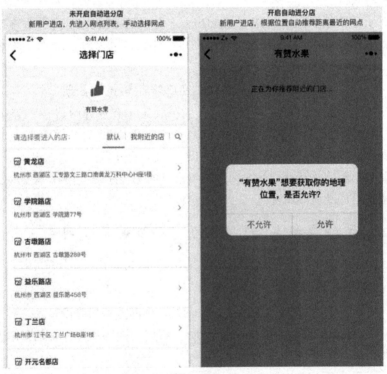

图 6-90

2)多网点总店和各网点首页匹配规则

（1）因为经营场景不同,小程序主页和店铺主页目前可以分别指定两个独立的微页面,也可以指定同一个微页面。

（2）多网点总店和各网点首页的匹配规则如下（图6-91）：

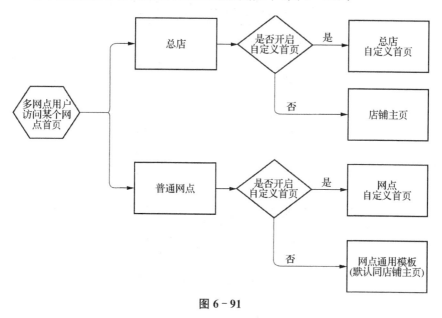

图6-91

图6-91中的"店铺主页",在小程序中指的是"小程序主页",跟H5的店铺主页可能指向的是同一个微页面,也可能指向两个不同的微页面。

注意:外卖模板在小程序中还无法支持。

- **小程序v2.1上线,支持发券宝、商品分享等功能**

小程序v2.1版本发布啦!本次升级功能点如下（请升级到相应版本再使用）：
（1）小程序发券宝。
（2）小程序商品支持分享。
（3）小程序支持有赞担保。
（4）小程序支持分销商品（内测中）。
功能说明：
（1）小程序支持发券宝。
① 进店有礼。
若商家设置了进店有礼活动,新客户进入店铺首页,或者任意商品详情页,会发送新人礼包;礼包中包含后台设置的多张优惠券,优惠券会直接发放到相应账户

中(图6-92)。

图6-92

② 裂变优惠券。

若商家设置了裂变优惠券活动,在支付成功页面会引导客户分享优惠券;客户点击"转发并领取",可以把优惠券转发到微信聊天中给其他好友领取;转发后,该客户会自动领取到一张优惠券。客户可以查看其他人的领取记录,也可以继续转发此优惠券;其他客户点击微信聊天中的小程序卡片,可以领取此优惠券。

(2) 小程序支持商品分享。

小程序商品详情页中的商品名称右侧增加"分享"按钮,客户点击它可以选择将相关商品详情页发送给微信好友或保存海报图分享到朋友圈。

(3) 小程序支持有赞担保。

社交生态信用体系薄弱,导致陌生购买转化率低,通常粉丝转化率20%~40%,非粉丝转化率却不足1%。有些买家会因为担心商品品质、售后维权等问题不敢买。为了创造安全放心的移动购物环境,有赞于2018年3月13日推出"有赞担保"服务,从"有赞担保品牌背书""保险公司双重保障""在线客服工具""协助处理售后问题"四个维度帮助买卖双方建立安全放心的购物环境,切实帮助商家提高购买转化率。

• 小程序 v2.2.4 版本发布啦！

本次升级功能点如下（请升级到相应版本再使用）：
(1) 小程序支持多网点。
(2) 小程序支付新选择：支持储值卡、礼品卡、E 卡支付。
(3) 小程序内微页面支持更多跳转链接。
(4) 优化 iPhone X 下展示效果。

功能说明：
(1) 小程序支持多网点。

小程序版多网点和原来的 H5 版共用一套多网点管理后台，所有能力对标微商城 H5 版多网点。

另外，基于小程序特有的定位优势，在小程序版多网点中，新增加了"小程序自动进分店"可选项，开启后，新用户访问小程序会根据位置自动匹配最近的网点。

(2) 小程序支付新选择：支持储值卡、礼品卡、E 卡支付。

为了提升商家在小程序内的会员营销能力，此版本小程序支持在小程序中使用储值卡、礼品卡支付订单，即在 H5 购买过储值卡和礼品卡的用户，在小程序内下单可选择使用储值卡、礼品卡支付（图 6-93）。（接入有赞 E 卡的店铺还可以在小程序中使用 E 卡支付）

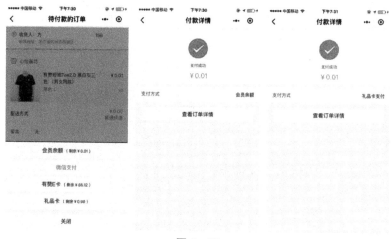

图 6-93

注意：买家需要先在小程序内绑定手机号，才可同步在 H5 中的储值卡、礼品卡、E 卡数据。

我们后续接入小程序内购买/领取礼品卡和储值卡的功能，进一步完善小程序内的会员营销体系。

（3）小程序内微页面支持更多跳转链接类型。

小程序内微页面可以跳转到更多类型的链接,本次新支持的链接类型如：

（1）优惠券。

（2）秒杀活动（关注店铺预约的秒杀活动除外）。

（3）店铺主页。

（4）会员主页。

（5）购物车。

（6）在线客服。

（7）积分商城。

参考文献

[1] 关于微信[EB/OL]. (2012-11-13)[2018-6-9]. https://weixin.qq.com.

[2] 关于微博[EB/OL]. (2017-10-12)[218-9-23]. https://weibo.com.

[3] 自媒体[EB/OL]. [2018-6-9]. https://baike.baidu.com/item/%E8%87%AA%E5%AA%92%E4%BD%93/829414?fr=aladdin.

[4] 社交媒体[EB/OL]. [2018-6-9]. https://baike.baidu.com/item/%E7%A4%BE%E4%BA%A4%E5%AA%92%E4%BD%93.

[5] 电子商务营销[EB/OL]. [2018-8-18]. https://baike.baidu.com/item/%E7%94%B5%E5%AD%90%E5%95%86%E5%8A%A1%E8%90%A5%E9%94%80/3282843?fr=aladdin.

[6] 电子商务[EB/OL]. [2018-8-18]. https://baike.baidu.com/item/%E7%94%B5%E5%AD%90%E5%95%86%E5%8A%A1/98106?fr=aladdin.

[7] 电子商务平台[EB/OL]. [2018-8-18]. https://baike.baidu.com/item/%E7%94%B5%E5%AD%90%E5%95%86%E5%8A%A1%E5%B9%B3%E5%8F%B0.

[8] 电商[EB/OL]. [2018-8-18]. https://baike.baidu.com/item/%E7%94%B5%E5%95%86/2772327?fr=aladdin.

[9] 社交化电子商务[EB/OL]. [2018-8-18]. https://baike.baidu.com/item/%E7%A4%BE%E4%BA%A4%E5%8C%96%E7%94%B5%E5%AD%90%E5%95%86%E5%8A%A1/3844146?fr=aladdin.

[10] 自媒体营销[EB/OL]. [2018-8-18]. https://baike.baidu.com/item/%E8%87%AA%E5%AA%92%E4%BD%93%E8%90%A5%E9%94%80/20600255?fr=aladdin.

[11] 张书乐. 微博运营完全自学手册[M]. 北京:电子工业出版社,2017.

[12] 营销思维[EB/OL]. [2018-8-18]. https://baike.baidu.com/item/%E8%90%A5%E9%94%80%E6%80%9D%E7%BB%B4/3989875.

[13] 徐小. 五分钟,教你如何给自媒体定位![EB/OL]. (2017-04-03)[2018-5-12]. https://www.sohu.com/a/131772018_495308.

[14] 微商[EB/OL]. [2018-8-26]. https://baike.baidu.com/item/%E5%BE%AE%E5%95%86/16657200?fr=aladdin.

[15] 大部分新手新媒体都不知道的细节[EB/OL]. (2016-02-15)[2018-7-11]. https://jingyan.baidu.com/article/b7001fe1842de50e7282dd07.html.

[16] 成功的人,情商一定大于智商[EB/OL]. (2016-03-12)[2018-6-9]. http://www.sohu.com/

a/63101260_266617.

[17] 互联网思维:论营销人员的基本素质[EB/OL].(2015-11-09)[2018-7-18].http://www.sohu.com/a/40729039_188079.

[18] 总是遇到客户说我要考虑下,销售高手教你怎么逼单![EB/OL].(2017-12-10)[2018-10-12].http://www.sohu.com/a/209683295_99957622.

[19] 易发久.我是一切的根源[M].南京:凤凰出版社,2010.

[20] 微信推广加好友常见 100 种引流办法[EB/OL].(2016-10-14)[2018-8-19].https://jingyan.baidu.com/article/5d368d1ec0c6c13f60c057ef.html.

[21] 精选速购实体店线下谈判和铺货技巧[EB/OL].(2017-09-26)[2018-6-9].http://www.sohu.com/a/194855521_778566.

[22] 思埠微商教你如何做好售前、售中、售后[EB/OL].(2015-11-26)[2018-6-9].http://www.yesren.cn/weishang/22.html.

[23] 盘点 2014 微商八大事件[EB/OL].(2015-1-16)[2018-9-23].https://www.wshangw.net/a/weixinyingxiao/2015/0116/2943.html.

[24] 腾讯客服.注册问题[EB/OL].(2014-7-6)[2018-6-23].http://kf.qq.com/product/weixinmp.html#hid=85.

[25] 腾讯客服.功能模块[EB/OL].(2014-7-6)[2018-6-23].http://kf.qq.com/product/weixinmp.html#hid=111.

[26] 微信平台运营规范[EB/OL].[2016-6-12].https://baike.baidu.com/item/%E5%BE%AE%E4%BF%A1%E5%85%AC%E4%BC%97%E5%B9%B3%E5%8F%B0%E8%BF%90%E8%90%A5%E8%A7%84%E8%8C%83/13578879.

[27] 微信公众平台.微信小程序[EB/OL].[2018-8-4].https://mp.weixin.qq.com/cgi-bin/wx.

[28] 微商为什么要做小程序,电商做小程序有何优势?[EB/OL].(2017-12-24)[2018-7-9].http://www.sohu.com/a/212425101_666827.

[29] 微信公众平台.微信小程序设计指南[EB/OL].[2018-9-10].https://developers.weixin.qq.com/miniprogram/design/index.html.